ちくま新書

40歳からの会社に頼らない働き方

柳川範之
Yanagawa Noriyuki

1046

40歳からの会社に頼らない働き方【目次】

はじめに

いつの間にか人生を半分あきらめていませんか？　会社でうまくいかないからといって、もうだめだと思っていないでしょうか？　そう思っている人がいたら、是非この本のどこでもよいので開いてみてください。四〇代、五〇代になって、もう人生の第三コーナーを回ったと思っている人がいたら、それはあまりにももったいない。閑職に回されて、もう会社に居場所がないと思っている人がいるとしたら、それはあまりにもばからしい。この本を読めば、皆さんもきっとそう思えてくるはずです。なぜなら、これからは、大きなチャンスがある時代なのですから。

これからの四〇代、五〇代は、もっともっと活躍できる世代です。もちろん二〇代、三〇代であればなおさらです。ここでおしまいだなどと思っている場合ではないのです。世界は大きく動き始めています。これからがスタートなのです。

少子高齢化が叫ばれています。この点が日本の抱える大きな課題ではあります。でも、言い換えるとそれは、寿命が延びているということでもあり、中高年にとって大きなチャンスが巡ってきているということでもあります。

たとえば、今の時代の四〇歳を昔の四〇歳と同じように考えるのは間違っています。なぜなら寿命が大幅に延びているからです。人生九〇年の時代、四〇歳の人でもその先まだ五〇年あります。これは人生七〇年時代の二〇歳と同じ立場なのです。それはそれほど前のことではありません。前の東京オリンピックがあった一九六四年、男性の平均寿命は六七歳だったのですから。

つまり、今の四〇歳は少し前の二〇歳と同じ立場にいるというわけです。この点だけをとってみても、人生をあきらめている場合でないのは明らかでしょう。五〇年前の二〇歳が社会人生活をスタートしたのと同じだけの将来が、これから待っているのです。

しかし、そのチャンスを生かすためには、これからを生き抜くための新しい働き方を身につける必要があります。現状は、多くの人が閉塞感や挫折感をもっているのも事実だと思います。リストラの不安におびえている人もいるでしょうし、充実した働き場所がないと悩んでいる人もいることでしょう。それは経済や社会の大きな変化に、今の働き方が対応できなくなっているからです。

詳しくは本文で説明していますが、世界経済は急速な勢いで変化してきています。それぞれの会社の置かれている経済環境も激変してきています。それは、先ほど述べた東京オリンピックの時代と比べてみても明らかでしょう。しかし、会社での働き方は東京オリンピックとその後の高度成長期に確立されたシステムをそのまま維持しています。新卒で一つの会社に入ったら、その会社でずっと雇用され、そこで定年まで安心して充実した仕事をし、その後は悠々自適の年金生活に入る。もちろん、すべての会社がそれを実現できていたわけではありませんが、多くの人たちがこのような働き方を目指してきたのです。

このような働き方は、環境変化が激しくなく、ほとんどの会社が安定的に成長していく見込みがある場合には、実現可能なシステムだったのかもしれません。ある意味では、高度成長期に合った働き方だったのです。けれども、今は大きな変化の時代、経済や社会が急速に変化している時代です。だから、今までの働き方が通用せず、その結果、あちこちで閉塞感や挫折感をもつ人が増えているのです。

ですから、閉塞感を取り払い、目の前に広がっているチャンスを自分のものにするためには、これからの社会に通用する、新しい働き方を自分のものにする必要があります。それは、一言でいえば、会社に頼らない働き方です。そして、変化に対応するために、多様なルートを確保して、一本のルートがだめになっても、その他のルートで発展する、そんな図太さのある働き方です。

今の会社を捨てる必要は必ずしもありません。しかし、会社に頼っていても、一〇〇パーセント頼りにして安心して生きていける時代では、もはやないのです。頼らず生きられるような体制をつくっていく必要があります。そうはいっても、そんな働き方なんてできるのか？　という疑問をもつ人も多いことでしょう。その人たちに向けて、具体的に何をどうすればよいかを示すために書かれたのが本書です。

長年勤めた会社をやめることには、心配や躊躇があるでしょう。でも、やめないで現状維持を選んだとしても、その先に、安定した生活が待っているとは限りません。

ましてや定年後の長い生活の安定が保証されているわけでもありません。将来を見据えると、大きなリスクは避けつつも、少しずつでもよいから新たな方向に踏み出していく必要があります。チャンスを自分のものにするために。

この本には、そのために必要な具体的なステップが書いてあります。皆さんに、安易な転職や起業を勧めているわけではありません。それぞれの人が能力を踏まえて、働き方をステップアップしていくための方策を紹介しています。場合によっては、転職までいかなくても、転職できるかもと考えるだけでも、働き方は大きく違ってくるはずです。

一方では、本書で述べるように定年を過ぎても働かなければならないなんて大変だ、耐えられないと思う人もいることでしょう。確かに、給料を得るためにいやな仕事を我慢してやるような働き方を長く続けるのは、苦しいだけでしょう。ですから、これから求められるのは、自分が満足でき、充実感を得られるような、そんな働き方です。そして、これも本文で詳しく説明しますが、これからはそんな働き方が、今までよりもはるかにやりやすくなる時代です。社会にもある程度貢献し、自己実現もしながら、元気に働き続ける、そんな働き方を実現させるためにも、会社に頼らない、新しい働き方へのステップを今から踏み出していくべきなのです。

本書の構成を簡単に説明しておきましょう。これからは、働き方を自分自身で工夫していくことで大きなチャンスが生まれてくる時代です。この点を第一章で、本書全体を概観する形で説明しています。私がそのように考えるようになったのは、世界経済が大きな構造変化を起こしているように見えたからです。世界経済にとってのこれからの一〇年、二〇年は、今までと大きく異なったものとなるでしょう。第二章では、この構造変化を解説して、なぜそれぞれの人が働き方を見直す必要があるのか、どんな働き方を考えていくべきなのかを説明しています。

そして、第三章では、「将来を切り拓くための五つのステップ」ということで、これからの社会、これからの働き方を考えた場合には、どのように発想の転換をはかっていけばよいかを五つの具体的なステップに従って考えています。

将来を切り拓いていくためには、単に発想の転換をするだけではなく、自分の能力をしっかり把握し、将来に備えながら働いていくことも大切です。第四章では、もっている能力の棚卸しをして、自分の能力を社内基準ではなく「外の基準」で把握することの重要性とそのための方策を考えています。

将来の環境変化に備えるためには、いくつになってもある程度の能力開発が必要になります。でも、そのために新しい技能を身につける必要があるとは限りません。今までの経験や知識をいかに次のステップに生かしていくかも重要になります。第五章ではこの点について、スキルを磨くとはどういうことか、どのように今のスキルをアップしていけばよいのかという観点から解説をしています。

そして第六章は複線的な働き方実践編ということで、「バーチャルカンパニー」を作ることを提案しています。ここでバーチャルカンパニーというのは、将来の転職や起業を見据えて、仲間と作る仮想的なチーム組織です。いきなり転職というのではなく、準備段階としてチーム内でいろいろディスカッションや相談をしていくことによって、会社の外に出ていくためには何が足りないのか、どんな能力が必要かを整理することができます。そのような準備がやがて転職や起業につながるかもしれません。

たとえつながらなくても、そのような相談をしておくことが、会社に残る場合も、会社に頼らない主体的な働き方を可能にすることでしょう。

第七章は、「未来の働き方を自分のものにする」ということで、これから働き方がどのように変わっていくのか、地域や社会に貢献しながら働いていく新しい働き方はどのように可能かを、少し未来思考的に考えています。

本書と同様の問題意識で、『日本成長戦略　40歳定年制』（さくら舎）という本を今年の前半に書きました。四〇歳定年とだけ聞くと、四〇歳以降の働き手を切り捨てるような提言だと思われがちですが、決してそうではありません。むしろ逆で、四〇歳以降の人が雇用の不安におびえることなく積極的に働けるようにする雇用システムを提言したものでした。ただし、政策提言に主眼が置かれていましたので、主にどのように政策を変えていけばよいか、法律を変えていけばよいかを検討した本になっていました。

それに対して、この本は制度や法律が変化しない世の中を前提にし、それぞれの人たちが、具体的にとるべき方策に主眼が置かれています。たとえ制度が変わらなくても、それぞれの人が本書で想定しているような方向に大きく舵をとれば、世の中はかなり変わるはずです。多くの人々が、目の前に広がる大きなチャンスを生かし、いくつになっても積極的にチャレンジしていくことで、そんな世界がきっと実現していくでしょう。

第一章

新しい働き方を手に入れる

†環境が大きく変わった

これからの一〇年、一五年というのは、社会や経済環境が大きく変化する時代です。それは社会が大きな構造変化を起こしているからです。その結果、多くの会社の仕事内容や働き方も大きく変わり、今までと違う形になっていくでしょう。

実は、今までも、一〇年、二〇年単位で振り返ると、社会や人々の生活は大きく変わってきたのです。たとえば、二〇年前の一九九三年、インターネットや携帯電話は一応存在していましたが、まだ人々の身近な存在ではまったくありませんでした。携帯電話が巨大であった時代に、電子メールを携帯電話やスマホを通じてやりとりするなんて誰が想像できたでしょうか。一〇年前の二〇〇三年ですら、スマホという言葉はまだなく、スマホ上で、自分のいる位置を確認したり、お店をネットやSNS（ソーシャル・ネットワーキング・サービス）で探したりする時代ではなかったのです。

今となっては、あまりにも当たり前すぎて、変化してきたことすら気が付かないのですが、社会は確実に大きく変化してきています。そしてその変化は、起きる前には想像もつかなかった方向に社会を変えているのです。

これからの一〇年、二〇年も、世の中は予想もつかない方向で大きく変わっていくことでしょう。いや、これからはもっと変化が激しい時代になることでしょう。

特に注目すべきなのが、先ほど述べた働き方が変わる可能性です。

まずインターネットやスマホの普及は、日常生活だけでなく、仕事のスタイルを大きく変えてきています。電子メールを使わない業務はほとんど考えられないのが現状ですし、スマホやタブレットを積極的に活用している職場も多いはずです。

そして、あとの章でくわしく述べるように、単に仕事のスタイルが変わるだけでなく、これからは会社のあり方や働き方そのものが大きく変わっていくはずです。今までと同じように、一つの会社で定年までずっと働き続け、一生分の給料を受けとるという働き方は、かなり難しくなってくるでしょう。

新しいチャンスがやってくる

しかし、この変化の動きは、大きなチャンスがみなさんの目の前に広がっていることを意味します。変化のないところにチャンスはなく、大きく変化する時代というのはチャンスがたくさんある時代だからです。それは単にお金を稼ぐ機会が増えるという意味だけではありません。自分の夢を実現する、あるいは自分が大事だと思う社会貢献をするうえでも、これからは大きなチャンスがやってくるでしょう。

ただし、大事なことはそのチャンスを自分のものにできるように、しっかりと準備をしておくことです。変化の乏しい時代のチャンスというのは、ある意味では目に見えやすく、わかりやすいものです。それに対して、変化の激しい時代のチャンスは、アンテナを張っていないと、なかなかわからないものです。でも、その見えにくいチャンスをしっかりものにできれば、そこには大きな未来が広がっているはずです。

†恐れず失敗しよう

ここで大事なポイントは、チャンスを「つかむ」ことの意味です。多くの人は、この言葉からうまく成功の波に乗るイメージを思い浮かべることでしょう。それは間違いではありません。でも、いきなり成功しようと思うと、本当に大切なチャンスはつかめません。むしろ、その前に、積極的に失敗しておくことこそが大切です。

二〇代の若い人たちだけでなく、三〇代、四〇代の人もできれば多少の失敗を経験しておくべきだと思います。変化の激しい時代に必要なことは、新しいことをやってみることだからです。

既存の発想では思いつかないようなことを、どこまで考えて実行できるかが、チャンスをつかむうえで大切です。でも、そんな新しいことをやってみる以上、何が正しい選択なのかは、誰にもわかりません。だから、ある程度「失敗する」ことを前提に、「まずはやってみる」ことが必要になるのです。

「とにかく間違いのないように」と思うから二の足を踏んでしまうのですし、「そんなことできるの？」と思ってしまうのです。「どんな方向に行けば、新しい成功のタネが見つかるのか」は、誰にもわからないのです。ですから、とにかく「やってみて」ある程度失敗してみることが大事なのです。

シリコンバレーでは、何度も会社をつぶした後に大成功している人もたくさんいます。シリコンバレーのすごいところは、それだけ何回もチャンスを与えるというところで、これは、そのぐらいの失敗の必要性は折込済みということかもしれません。

失敗をしていないということは、ある意味ではトライをしていないということなので、「こいつは何もわかっていないのではないか？」ということになります。様々な所を歩いて、あそこに地雷がある、ここは危ない、ということがわかっている人ではないと任せられないということです。

ただし、現実問題としては、日本では大きな失敗がしにくいことも事実です。事業に失敗した経営者が新たに会社を設立することは容易ではありませんし、会社で何か失敗をして解雇されてしまうと再就職が難しいのも実態です。それではどうしたらよいのか。それが本書の大きなメッセージになります。

†新しいチャンスをつかみとる

変化の時代に訪れる、新しいチャンスを積極的に生かしていくことが、これからの働き方には求められます。既存の概念にしばられず新しいチャンスを生かすためには、今の会社での働き方にしばられない、新しい働き方が求められます。

ただし今の会社での働き方を、必ずしも否定するものではありません。そこで、大きく発展していく可能性はもちろんあるでしょう。多くの日本企業はそれぞれ、新しい動きを積極的に察知し業績をあげていくことが可能な能力をもっているからです。しかし、大事なのは、会社の発展のみに頼るのではない、自分でチャンスをつかみとる姿勢です。企業は当然リスクにさらされます。場合によっては大きな波をかぶって倒産をすることがあるかもしれません。そんな中でも積極的に生きていける、企業に頼らない働き方を身につけておく必要があります。

また、既存企業では対応できないようなビジネスに大きなチャンスが訪れることもあります。アマゾンやグーグルといった会社は、既存の会社では実現できなかったビジネスを実現させた典型例でしょう。既存企業では実現できないビジネスモデルやアイディアが、世界経済を引っ張っていく原動力になっているのです。そこまで大きな話ではなくても、少なくとも既存企業の枠組みにしばられない発想をしておくことは、新しいチャンスをものにするうえで、とても大切なことです。

今いる会社でできることは何かという発想でアイディアを考えてしまうと、どうしてもできること、考えられることが限られてしまいます。視点を社外に広げると様々なバリエーションがありえて、いろいろな新しい発展や事業の組み合わせを考えることが可能になります。その方向に発想を広げていくことが大切です。

さらに単に会社がリスクにさらされるだけでなく、たとえば外国企業にM&Aをされたり、大きな業態変更を行う必要に迫られたりする可能性もあります。今までと同じように会社が存続し、今までと同じような働き場所がこれからもあるとは限らないのです。そのときにあわてないためにも、これからの働き方を自分自身できっちり把握しておく必要があります。未来の働き方を自分自身でつかみとる必要があるのです。

†複線的な働き方の時代へ

働き方の未来を考えると、そもそも働き方を一つに絞るという発想自体が、これからは古いものになっていくと考えられます。変化の激しい時代には、その変化にあわせた多様な働き方が必要であり、個々人にとっては、一つではなくいろいろなことにチャレンジできる時代にしていく必要があります。

この点はリスクを避けるという意味でも大切です。現実問題としては、やはりどう働くかということが、どう生きていくかという問題と密接に関係しています。チャンスがあることはわかっていても、路頭に迷うような大きなリスクを背負うのは避けたいというのが、本音でしょう。本書の大きな特徴は、そのような現実的な心配を考慮に入れた、新しい働き方を提示することにあります。

その際に重要になってくるのが、「複線的な働き方」という発想です。一つのことに集中するのではなく、いくつかのことにチャレンジするという複線的な働き方を選択する。そうすることにより、一つがだめになっても生き残れ、チャンスをつなげることができます（図1参照）。また、単にリスクを避けることができるだけでなく、チャンスをよりつかみ取りやすくなるという面もあります。変化の激しい時代に必要な働き方といえるでしょう。

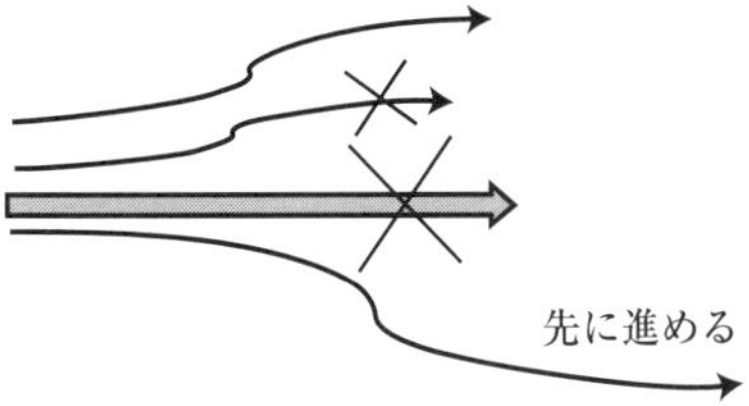

図１　複線型の働き方がチャンスを広げる
（メインルートが途切れても大丈夫）

ただし、そうはいっても、すべてを並列的に考えて働くのではなく、何か一つをメインの仕事として選ぶ必要があるのが現実でしょう。多くの人は、企業に就職しフルタイムで働いている、あるいは働こうとしている状況でしょうから、これが当然メインの仕事ということになります。しかし、それ以外にサブの仕事なり働き方を複数もっておくようにしましょうというのが、本書の提案です。

ここで「サブの仕事」というのは、通常でいえば副業ということになります。しかし、本書では副業にまで至らない準備段階あるいは、その可能性を頭に描いて、たとえば自宅でいろいろな調べものをしている段階も含めて「サブの仕事」と呼ぶことにします。それは、現実的には誰もが副業にすぐに手を出せるとは限らないからです。

でも、副業に至らない段階でもいろいろと準備をして、準備グループを作ることは、将来のチャンスをものにするうえで、とても重要なことです。その準備グループが、いつか転職を考える際、あるいは定年後や場合によってはリストラにあった際に大きな力となり、チャンスをものにする原動力になってくれるからです。小さくてもいいから種をたくさんまいておいて、伸びてきたらそちらに動く。それが「複線型」という話につながっていきます。

そして、そうやって種をまいておくことで、前述した「失敗を経験すること」も比較的容易にできるようになるのです。

本書では、そのような準備グループを「バーチャルカンパニー」と呼んでいます。メインの働き方以外に、いくつかのバーチャルカンパニーを立ち上げることにより、将来のチャンスに備える、チャンスをつかみとっていくことが、これからは求められています。このバーチャルカンパニーの具体的な作り方については、第六章で詳しくご説明します。

第二章

一生会社を頼りにする時代は終わった

†コンピュータの進化が時代を変える

前章で、これからは激しい変化が起こる時代だと述べました。私が、これから激しい変化が起こると考えている理由は、大きく分けて二つあります。

一つ目は、技術革新が速いことです。ＩＴの影響力はとても大きいものですが、それと同時にコンピュータの能力が高くなっています。ＩＴについては、主にインターネットのようなコミュニケーション面、情報が伝わりやすいという面が注目されたのですが、その裏側で、コンピュータの能力も飛躍的に高まっているのです。その結果、これまで人がやっていた仕事でも、コンピュータで代替できてしまい、仕事がなくなっていく、という現象が起こっています。

コンピュータが高性能化した最近の代表的事例は、将棋のプロ棋士がコンピュータに負けたことでしょう。私は、この問題自体は将棋界にとって大した問題ではなく、むしろスーパーコンピュータともまっとうに戦える人間の能力はすごいと思っています。しかし一方で、それだけのものを代替できてしまうほど、コンピュータの演算スピードが速くなっているという点は、社会にとって大きな意味があります。

昔は「単純労働は機械に置き換わるが、頭脳労働は人間がする必要がある」といわれていました。しかし今や頭脳労働もかなりの部分が、コンピュータのほうがより正確に早くできてしまいます。これは、機械学習の能力が高まり、コンピュータが進化した結果です。

†ＩＴが仕事をなくす

二〇一三年四月、ボストンマラソンでテロ事件が起きました。その犯人は比較的早くに逮捕されたのですが、その裏には、監視カメラに収められた大量のデータを解析するコンピュータ技術の貢献があったといわれています。監視カメラには膨大な数の人が映っており、たとえば人が画像を見続けても、怪しい人物を割り出していくことは非常に困難です。しかし、データ解析技術の発展により、膨大な画像データを用いて、怪しい人物をあぶりだすことが可能になったといわれています。

このようにコンピュータの能力の高度化、高性能化はかなり大きなインパクトを社会に与えつつあります。今後、コンピュータの高性能化により人手がいらなくなる事態があちこちの産業で起こってくることでしょう。注目すべき点は、この高性能化がIT産業だけではなく、他の産業にも波及すること、かつ波及のスピードが速いということです。コンピュータがみんなの仕事を、少しずついろいろな形で侵食していく可能性があるのです。

例を一つあげましょう。昔、駅の改札には、切符切りの駅員さんがいました。熟練の技で切符をすばやく切ったり、定期の日付をチェックしたりと、この仕事には相当の人数がかけられていました。しかし、この人たちは、自動改札の普及で一切いらなくなってしまいました。自動改札機は、ITを活用したハイテクマシーンです。つまりITが、本人の能力とは無関係に、仕事をなくしたということです。いくら能力が高くても、自分の仕事に命をかけていても、その仕事自体がなくなって、人がいらなくなってしまうのです。

これは限定した職種で起こったことだったので、鉄道会社としても別のところで働かせることができたのですが、これがもし一つの産業全体という具合に、かなり大きな規模で起きた場合「いったい誰が雇用を守ってくれるのか」という事態が生じます。たとえば、仮に切符切りの仕事だけをやる会社があったとしたならば、その会社はつぶれてしまいます。

こうしたITによる変化があちこちで起きるということを、これからは想定しないといけません。

本当はそのような変化の芽は、今までも少しずつあったのだと思います。社内失業などの形で仕事がなくなる、という現象はその一つです。今のところ大企業では「仕事がなくなった」という人を雇えていますが、この波が大きくなると、雇えなくなっていくのだと思います。

†新興国が伸びている

大きな変化が起こると思う二つ目の理由は、新興国の能力の高まりです。すでに日本は、新興国の人たちと競争していかなければいけない状況にあります。二〇年ぐらい前までは、マレーシアやベトナムなど新興国の工場へ行くと、「単純な組立作業はできる」という段階でした。たとえば、電池は作れるけど、複雑な組み立て、研究開発は難しいという状態だったのです。それが、最近は複雑な組立作業もできるようになってきました。新興国の発展のスピードは速いので、これから能力が高まり、高度な研究開発もできるようになってくるでしょう。

もしかしたら、新興国のほうが技能や能力が高いという場合もあるかもしれません。たとえば、タイの工場で働いている職人さんのほうが能力が高いという事例がありました。二〇一一年、タイで大規模な洪水が起こったときに、映像機器の組み立て工場が水浸しになり製造が止まってしまいました。そのため、日本の工場で代わりに製品を組み立てることになったのですが、日本には組み立てができる人がいない、という事態が起きたのです。その結果、タイから指導役として人を呼んできて、その人たちが教えるということになりました。もともとは日本の技術者が行って教えた技術でしょうが、逆転現象が起こってしまったわけです。少なくとも、新興国との能力の差はこのあたりまで縮まってきています。

もう一つ、言語能力の問題もあります。たとえば、マレーシアのボルネオ島というと、多くの人はジャングルを思い浮かべるでしょう。その延長線上で考えると、「そんなところの人材なんて」と、多くの日本人が思うかと思います。しかし、このボルネオ島の街コタキナバルは、高層ビルが立ち並び、テレビをつければCNN、BBC、アルジャジーラまで英語で見ることができます。さらに、多くの子供は英語で教育を受けています。しかも、賃金は三分の一程度です。そうすると、日本語しかできない日本の人材と、コタキナバルで英語で育った人材と、どちらをアメリカの会社が雇うかというと、圧倒的にコタキナバルの人材のほうでしょう。

日本は、まだまだ新興国を下に見ている面があるかと思うのですが、能力の面、特に言語的な面からすると新興国は優位性をもっているのです。マレーシアでもイギリスに留学してケンブリッジ大学を出て帰ってくるという人もいるので、そうすると日本は本当に太刀打ちできません。

また、工場についても、物価が安いコタキナバルのほうが建てやすいといえます。輸送費が極端に高い製品でなければ、工場の立地は世界中どこでもよいという世界に、もはやなりつつあります。日本企業の工場も、必ずしも日本でなくても、人件費や土地の安い新興国に立地すればよいわけです。日本で生産したいと経営者が考えたとしても、外国企業がコストが安くてすむ新興国に工場を建設した場合、競争に負けてしまいますから、どうしても新興国に立地せざるを得ません。

つまりこのような企業による工場や生産設備の立地選択を通して、日本の人材は新興国の人材と間接的に競争をしているのです。新興国の人たちが日本に直接きて働かなくても、企業や工場の立地を通じて、技術や能力を身につけた新興国の人たちに雇用機会が流れていくのです。

ただし、それを悲観的に捉えたりあるいは新興国を敵視したりするのは、建設的な方向とはいえません。これはある意味では、日本に新しい雇用機会、新しい働き場所を作り出すチャンスでもあるからです。

†日本は本当の「先進国」になった

この「コンピュータの発達」と「新興国の能力の成長」は、日本だけでなく先進国が共通して抱える問題となっています。それに打ち勝つようなことを考えていかなければなりません。しかし、繰り返しになりますが、この危機はチャンスに変えることができます。それに対応する形に働き方を変えていけば、チャンスはむしろ広がるはずなのです。たとえばコンピュータの能力の高まりについても、先ほどは仕事を減らす方向にむかっていると書きましたが、そのコンピュータをうまく使いこなせる人、プログラミングする人は、むしろ有利な立場に立てるといえ、雇用機会や報酬は高まっています。

また、コンピュータにはできないような仕事ができれば重宝されるので、強みになります。新興国との競争についても、能力の差別化をできる分野では、むしろ優位性を発揮できるといえます。

確かに、今までやってきたことは、新興国の人材やコンピュータとの競争にさらされ、場合によっては取って代わられてしまうかもしれません。しかし、発想を切り替えて考えれば、今までやってきたこととは違うことをするチャンスが巡ってきたということです。また、そうやって差別化を図ることで、競争から抜け出すことができるという面もあります。これから求められる働き方というのは、そういう新たな働き場所、新たなチャンスを見つける働き方です。

この点を、少し歴史を振り返って整理してみましょう。日本は、明治以降、先進諸国に追いつき追い越せと頑張ってきた、いわゆる「キャッチアップ型」の経済でした。この経済の特徴は、目標になる企業や国があるという点です。その目標にいかに早く確実に近づき追い越すかは考えるべき大きな問題でしたが、どういう目標を達成すればよいのか、はあまり悩む必要はなかったのです。

しかし、現在の日本は「先進国型」の経済です。先進国型の特徴は、キャッチアップ型と違い、追いつくべき目標がないという点です。どちらの方向に行ったらよいのか、何を達成したらよいのかというお手本となる目標がない。その中で発展の方向性を模索していくのが、「先進国」なのです。トップランナーなのですから、道を探す必要があるわけです。

日本は経済実態としては、当然かなり前から先進国ですが、残念ながら、働き方も含めて社会経済のしくみが、いろいろなところでキャッチアップ型のまま残っている気がします。たとえば、雇用面にしても、目標となる企業の姿があれば、それを目指していきさえすれば比較的不確実性は小さく、雇用の維持もしやすかったわけです。

しかし、先進国型の場合にはそういうわけにはいきません。手探りで新しい発展機会を探していかなくてはなりませんから、企業も国も当然失敗して引き返すリスクが高くなる。しかし、そうした中でも、新しい産業、新しい雇用機会を見つけ出していくのが先進国経済であり、働き方に関しても、新たなチャンスを生み出す働き方が求められているのです。

変化の速い時期にトップランナーとして走っているので、どちらの方向にむかって走ればいいのかというお手本はないわけです。お手本がないうえに、あっちがいいと思って走っていたら「ゴールの場所が変わりました」などということもある状況です。

そうすると、本人の能力や判断が悪くなくても、やはりどうしてもやり直したり引き返したり方向転換したりが必要になってきます。現在の日本で働く人々は、今そのような世界で生きている、そのような世界で走っている、そう腹をくくって、発想を転換する必要があります。

運動会でいえば、昔は徒競走という感じで、走るレーンが決まっていて、ゴールがはっきりしていました。しかし今の競争は、宝物探しや借り物競争ともいうべきもので、どこに答えがあるかわからないという状況です。散り散りに走っていって、とにかく探してくることができた人が勝ちなのです。

†日本社会は変われない老舗の和菓子屋？

日本の社会経済システムが、まだキャッチアップ型だという点を少し補足すると、一九八〇年代、日本企業が好調だったときにアメリカがしたことは、日本企業の成功要因を探し出して、いいところを取り入れるということでした。重要だといわれていた日本企業の長期雇用や家族主義的なところを、取り入れたアメリカ企業も多くありました。

シリコンバレーの企業にも、家族主義的な感じを重視する企業が多くあります。ですから、世界にある程度、日本企業のよいところが広まったともいえるのです。

一方、日本は、逆にその優れた点を、環境変化にうまく適応させられないでいる気がします。時代の変化に対応できていない老舗の和菓子屋さんが、昔あまりにもおいしいといわれていたために、味を変えられなくなってしまったようなものです。みんなの味の好みというのはやはり時代で変化しますから、本当は変えていかないと「おいしい味」は守れないのですが、なまじ一時期評価されてしまったため、変えられないというわけです。本当は、日本型の経済システムのいいところを残しつつ、時代にあわせ、また先進国型にしてバージョンを変えていかなければならないのです。「日本型かアメリカ型か」という0か1かの対比の論争は本当に無意味だと思います。今の時代に日本型をどう変えていくか、日本型のどこを捨ててどこを残すかということをしていかないと、やはり時代遅れの老舗の和菓子屋で終わってしまうと思います。

†「先進国」型の能力とは?

人間よりコンピュータのほうがずっと能力を発揮できるのが「決められたルールの中で望ましいものを探していく。あるいは有限の組み合わせの中から一番望ましいものを選び出す」というタイプの作業です。ある程度やることが決まっているところで、それをいかに効率的にやるかという話になってくると、コンピュータのほうに圧倒的に軍配があがります。

しかし、まったく未知の組み合わせを選び出してくるという作業は、コンピュータにはできません。限られた組み合わせから選ぶのならいいのですが、何でもいいから面白い組み合わせを作ってみる、ということはできないのです。ですから、労働力としてコンピュータに対抗するには、正解がない問題を解く能力を身につける必要があります。これが「先進国型の能力」といえるもので、これから求められるものといえます。

比喩的にいえば、コンピュータが得意なのが「道がいくつかあって、どの道に行けば早く行けるか」という計算で、コンピュータにできないのは「道のないところでどこに行ったらいいのか」と考えることなのです。これから一番必要とされるのが後者の能力なのですが、日本の教育は受験勉強のように正解のあるものばかり扱って、この能力をあまり重視してきませんでした。

この能力を身につけるうえで大事なことはとにかく「やってみる」ということで、様々な組み合わせを作ってみることなのです。前の章で、とにかく「まずはやってみる」ことの重要性を強調したのはそのためです。

†会社はいつまであるかわからない

今まで述べた点をもう少し職場という観点から整理してみましょう。まず重要な点は、世界が激しく変化していることを考えると、「会社はいつまであるかわからない」という発想が必要になるということです。

新興国の発展なども考えると、いま順調な会社であっても、今後ますます競争にさらされて、技能や設備が陳腐化し、リスクにさらされる可能性が出てきます。これからは、「会社がいつまでもあると思わない」というように発想を切り替えないといけないと思います。

最近「五〇年後にどの会社が生き残っていると思いますか？　確実に生き残っていると思われる会社を三つあげてください」という質問をいろいろな方にするのですが、希望的な観測が返ってくることはあっても、説得力をもったお答えはなかなかありません。それが本当に正直なところだと思います。特に実態をよく知っている方であるほど、「五〇年後なんてとても予想できない」というのが率直な印象なのではないかと思います。

しかし、現在就職活動をしている学生さんの多くは、会社を探すときに「定年まで安心していられる会社はどこか」ということを考えています。それは、五〇年後までの安心を求めているということなので、前述の答えに照らして考えると、実はかなり非現実的で無理なことを求めているといえます。

また就職活動をしている若者に限らず、三〇代、四〇代の人も、いくら法律が定年延長で六五歳まで保証しますといったとしても、会社がそこまであるのか、ということを考えたほうがいいと思います。

会社があり続けてくれれば、また伸びていってくれれば、それに越したことはありません。しかし、会社があり続ける、あるいは会社が給料を払い続けると考えていると、それが実現しなかったときに危機に陥るので、慎重な対処をしたほうがいいと思います。楽観的に考えず、ひどい状況になったときにも生き延びるにはどうすればよいかを考えておかないといけません。

†長期雇用は大事だけれど

今まで述べてきたように、今と昔では環境が大きく変わりました。しかし、日本企業の伝統的な特徴である長期雇用は、やはり大事です。

会社が社員の面倒を一生見る、それを前提として社員が一生懸命働く、という組合わせにはメリットがあります。たとえば、みんなが一生懸命働くことで会社の生産性が高まる、他の人が見ていないところでも「会社のためになることをしよう」と社員が思うなどのことです。これは日本企業のすごいところだと思うのですが、コンビニなどの末端で働いている人にまで「自分の会社」という意識がありますし、同じ会社ならば、自分とまったく関係のない部署が問題を起こしたとしても心から謝罪することができます。

これが、「短期的な雇用で、仕事の内容が契約で決まっている人の集まり」であるとなかなか難しくて、「これは自分の契約した仕事の範囲ではない」となるわけです。自分のことが大事だから、会社のメリットになることでも「自分のメリットにならないことはやらない。それは自分の責任ではない」と主張する人も出てきます。そのような意味では、長期雇用の人が集まって、アイデンティティをもった形で働き続けることは大きなメリットではありましたし、日本企業が活躍する、一つの要因だったといえます。

問題は、それが維持可能かということです。みんなが頑張ることで会社が必ず発展し拡大していくことができ、かつそれが持続できるのならば、とてもいい仕組みなのですが、現在はみんなで必死に頑張ったとしても、様々な外的理由でその産業が停滞してしまったり衰退してしまったり、その企業がうまくいかなくなってしまったりということが起きる時代なのです。

日本経済の好不調という話以前に、世界全体が「会社の業績は大きく変動する。会社はすごく伸びることもあるけどつぶれることもある」という社会になっています。その裏には急速な技術進歩などがあるのですが、この状況は少なくともこれから四、五〇年の間は変わらないし、これからますますそうなっていくでしょう。どちらがいいか悪いか、好きか嫌いかということではなくて、これを前提に考えないと、個人としてはすごくリスクが高くなってしまいます。

そう考えると、もはや今は自分たちの働き場所が、法律や国の制度で守られるという時代ではないといえます。どれだけ解雇規制を厳しくしても、会社自体がうまくいかなくなったり、なくなったりしてしまえば、法律は無力です。ましてや、今後は企業だけでなくて、産業ごと、仕事ごと世の中からなくなってしまうという事態も起きると考えられます。

つまり、これからは法律・規制で雇用を守るということができない時代、そのようなものと関係なく働き、しっかり稼いでいける能力を自分自身で身につけていかねばならない時代になってくるのです。

会社に頼らないで働く

長期雇用は大事ですし、今の法的ルールの下で企業が正社員を雇っている以上、企業の側には、雇用に対してある程度の責任があるでしょう。また、個人からしても、やはり長期雇用を前提に会社内で頑張って働くことのメリットはあると思います。しかし、そのことと会社に「頼る」というのは別です。会社に頼らないけれどそこで頑張って働くということが大事なのです。

「こういう状況だから、会社の仕事は手を抜いて副業に精を出せ」というのも建設的ではありません。やはり今いる会社を大きくするのが、成功への一番の近道であることは間違いないと思います。しかし、会社にいさえすれば成功や所得が保証されると思うべきではないですし、ましてや頼ってみても、はしごを外される状況も生じ得ることは肝に銘じておくべきです。

今の会社で働くにしても、主体的に自分で働き方を組み立てるという作業が、どうしても不可欠になります。何が必要か、どういうことをやっておけばいいかということを自分で考えておくことです。一番わかりやすい方法は「もしこれから一年後か二年後に首になるとわかったらどうするか」を考えておくことです。それを、できる範囲で具体的に考えておくというのがすぐにやれることの一つです。

もう少し考えるならば「五年後、一〇年後に転職する、独立するために何を今やっておくべきか？」と頭の中でシミュレーションしながら働くということです。

働き方や仕事のしかたをまったくの会社任せにしておくと、いざとなったときに何も考えられなくなってしまいます。会社に命令された仕事にしても、「命令されたことだから何にも考えない」というのと「命令された仕事だけれど、自分なりにやり方を考え、将来自分が主体的に動く場合を発想しておく」のとでは、全然違います。後者のような発想をしておくだけで、突然はしごを外されたときも、まだ立って歩けるのです。本書では、会社に頼らない働き方をこれからいろいろと考えていきますが、まず最低限やるべきなのは、このように発想を変えていくことです。

第三章

将来を切り拓くための五つのステップ

ここでは、第二章で述べたような前提に立った場合に、将来を切り拓いて大きなチャンスをつかむために何をすればよいのか、その具体的な方法を説明したいと思います。

① 将来に備えてシミュレーションをする

†シミュレーションの必要性

多くの人が、働き方に関して、「今の会社で働き続ける」か「やめる」かという二択で考えがちです。今の会社で働くことにしたならば、やめるということは一切考えない、とりあえず会社にいることにしたのだから、首になったときのことを考えても仕方ないという発想が強いようです。

しかし、将来の不確実性が高いときは、いろいろな可能性について、バリエーションをもって考えておく、そういう癖をつけておくことが大切です。そこが、意外と多くの人に欠けている気がします。

バリエーションをもって考えるためには、将来の可能性についてバリエーションのあるシミュレーションをしてみることが大切です。以下ではこの点について説明しましょう。

たとえば、ある会社で働いていて、仮に副業などまったくできない場合でも、「二年後に首になったとしたら、その時に自分に何ができるのだろう」と今から考えておく。それだけで、ずいぶん違うと思います。さらに、二年後、五年後、一〇年後など様々なバリエーションを考えて、違う将来を自分なりに考えておくという発想が重要です。

これは、自分で将来を組み立てるトレーニングだといえます。たとえ今の仕事が、自分の意志や選択を反映させる余地のないものだったとしても、必ずいつかは、自分で考えて、自分で働き場所や働き方を選んでいかなければならない時期がきます。それは、思いがけず自分のアイディアを生かす仕事に転職するチャンスが巡ってきたときかもしれませんし、逆に不本意なリストラにあった場合かもしれません。仮にそんな機会がまったくなく定年まで過ごせたとしても、遅くとも定年後には、自分でその先の働き方を選んでいかなくてはなりません。

今はほとんどの人が定年を迎えても相当元気ですから、その先どのように働いていくのかを自分自身で考えていかなくてはなりません。その時点になって「上司が何かいってくれないかな。命令してくれると楽なんだけれど」と思っているのでは、明らかにまずいのです。

遅くても定年後、多くの場合にはもっと早くに、自分で働き方を決めなければいけない時期がやってきます。ですから、そのときに備えて、シミュレーションをして、自分で自分の人生を選んでいくトレーニングをしておかないといけません。

多くの人はそれでも、「そうはいっても、そんな先のことなんてわからないし、現実感がわかないな」と思うかもしれません。もしそうであったとしても、少なくともシミュレーションは頭の中でしておくべきでしょう。

このシミュレーションはあくまで仮想的なものなので、リアリティは感じにくいでしょう。それでもよいので、とにかく考えてみましょう。そうすれば、いざそういう時期がきたときに、きっと役に立つはずです。これは避難訓練と同じです。避難訓練というのは、あまりリアリティがないものですが、やっておくことが大事なのです。やるのとやらないのとでは、大きな違いがあります。やっておかないと火事や地震が起こった時に多くの人は途方にくれてしまうでしょう。このシミュレーションについても同じことがいえます。

†シミュレーションは楽しくする

このシミュレーションは、あまり苦しくやるものではありません。避難訓練と一緒ですから、ある意味で夢をもってやればいいのです。バリエーションをもった、やや夢物語的なものでもいいから、まずは考える癖をつけることが大事です。

たとえば、私が人生をやり直すならば、映画監督になってみたいと思います。六〇歳くらいから映画監督になるというのは、半分絵空事ではありますが、まったく不可能というわけではありません。そして、なるにはどんな準備をすればいいのか、何が必要かと考えると、少しわくわくしてきます。それで、六〇歳からの人生が、少し明るく見えてきます。そのようなものでいいから、本当になろうと思ったら、何を身につければいいか、どのようなステップを踏めばいいかと、だんだんとリアリティをもって考えていくことが重要です。六〇歳になって本当にそのようなチャンスがくるかもしれませんし、仮にこなかったとしても、これは第二の人生を設計するときのいいトレーニングになります。

絵空事で終わらせないためには、その能力をマスターするのに、どこへ行けばいいのか、何年かかるのか、それには具体的にどのぐらいお金がかかるのか、とステップを実際考えていくことです。そうすれば、その絵が実際に自分の頭の中で動き出し、絵空事ではなくなります。

失業して本当にどうしようもなくなったときの対策という発想でシミュレーションを考えてしまうと、つらく苦しくなってしまい、結局は何も考えないという結果に陥りがちです。自分がやりたいと思うことを中心に、多少わくわくとした気持ちをもって、明るく未来をシミュレーションするとよいでしょう。

② 状況に応じた発想力を養う

†霧が晴れるのを待つのではダメ

将来が不確かな状況において大事なことは、いろいろな可能性を考えておくことです。しかし、今のように将来が不透明で変化が速い時代だと、いくつかのプランを考えることすら難しい状況になります。霧がかかったように先がぼやっとなっていて、何も確かなことはわからないと感じてしまう場合が多いのではないかと思います。

このように霧がかかったような状況になると多くの人は、「先を考えるのはやめよう」か、「とにかく突っ込もう」かのどちらかの態度になりがちです。一番多く見られるパターンが、「先が見えないのだから考えてもしょうがない。霧が晴れるのを待とう」と、ただ漠然と霧が晴れるのを待つというものです。これはあまりにももったいないと思います。霧が晴れるのを漠然と待っている人は、「霧が晴れたときにはこんなことをして、こう走り出そう」と思っている人に確実に負けてしまうからです。

先が見えないときだからこそ、見えてきたときに備えて準備をしておかないといけません。

†コンティンジェンシープランを考える

今述べたようなことをいうと、「将来がわからないのにどうしてプランを立てることができるのですか?」という質問がよく返ってきます。これは経済学の発想からすると不思議な質問です。経済学の発想だと、将来の不確実性にあわせてプランを立てるというのはごく自然な話だからです。専門的には「コンティンジェンシープラン」(状況対応型計画)というのですが、「状況に応じたプランを立てておく」というのは経済学の基本的な発想で、この発想は、多くの人がライフプランを考えるうえでも重要だと思います。

環境が変わったときにどう対応するかを、最初からプランに組み込んでおくというのがコンティンジェンシープランのそもそもの考え方です。「Aだと思っているけど状況がBになることもありえる」というときに、Bになったときのプランも最初から用意しておくのです。こういう発想はビジネス戦略では、「プランB」などともいわれています。「何も起きなければA」だからとAだけを考えている人と、こういうプランを立てて「Bになったときにはこうしよう」と考えている人では、Bになったときの対応はずいぶん違ってきます。

このような「プランB」くらいまでを考えている人は比較的多いのですが、本当はそれぐらいだと少し単純すぎます。

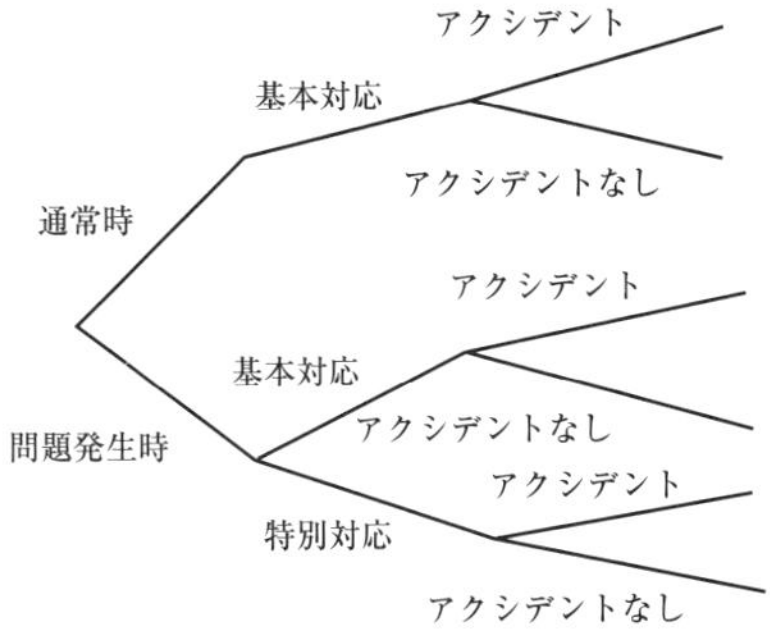

図2　コンティンジェンシープランは階層的に考える

コンティンジェンシープランという場合には、もう少しパターンを多めに考えておくとよいと思います。単純に通常時と問題発生時の二パターンで考えるのではなくて、図2のように階層的に考えていくとよいでしょう。順番に状況が変化していくことを考えると、パターンは増えていき、図2のような単純なケースでもパターンは六通り生じます。

†先のことはわからないなりに場合分けをする

コンティンジェンシープランが自然と頭に入っ

ていて、頭の中にいくつかのパターンがあって、それぞれにどう対応するかという発想を自然と身につけている人もいます。しかし、多くの人はそうではないので、少し長期的な変化への対応策を考える癖をつけることが大事です。

たとえば、起業をする場合、少しマクロ環境が変わって景気が悪くなったときにどのように会社を立て直していくか、また景気がよくなったときに、業績がどの程度伸びたら会社の規模を拡大させるかということを、多くの人はあまり考えずに会社を立ち上げます。たいていの人は「先のことはよくわからないから、そうなったときに考えるしかない」という傾向にあるのです。

これは、先ほども述べましたが少しもったいない発想だと思います。先のことは確かにわかりませんが、わからないなりにある程度パターン化して、大きく伸びたときのケース、現状維持のケース、縮小せざるを得ないケース、などに分けてそれぞれのときに何をするというのを考えておかないと失敗してしまいます。そうしてある程度考えてみると、たとえば借りるオフィスのサイズや、どのぐらいの人数を雇うかということも変わってくるかもしれません。

起業のケースに限らず、先のことはわからないから何も考えないで進むというのは、経済学的にはとてももったいない発想なのです。わからないならわからないなりに、それぞれの可能性をある程度考えておくといいでしょう。もちろんどれに進むかはわからないから、確率的にうまくいくのが何パーセント、そこそこが何パーセント、うまくいかない可能性が何パーセントというように考えます。そのパーセントが客観的に正しいかどうかはわからない場合も多いでしょう。これはあくまでその人の頭の整理のための確率にすぎませんが、そういう形で整理しておくと将来あわてないですむのです。

そう考え出すとパターンは無限に出てきてしまうので、すべてについて考えておくことは無理でしょう。けれども、主要なパターンに関しては、それぞれの場合に応じた対応を考えておくという発想力が問われます。

その場合に注意しないといけないのが、「将来どんな変化があるのか」を考える際に願望が入ってしまいがちだということです。会社がつぶれたらどうする、リストラにあったらどうするということを、ほとんどの人は考えておかないといけません。ところが「リストラにあいたくない。会社がつぶれる事態になんてなってほしくない」と思うと、それが「リストラになるはずがない。会社はつぶれないはずだ」と、どんどん評価が願望に影響されてしまって、そこを見なくなってしまう傾向があります。

これは、嫌なことが起きる確率を無意識のうちに低く見積もってしまうという、多くの人に見られる心理的傾向です。この話がシステマチックに起きたのが原発事故の話で、「事故が起きて欲しくない」が「事故が起きるはずない。絶対起きない」にいつの間にかすり替わってしまったのです。

予測は決めつけない

技術の変化についても、将来のいろいろな可能性を考えておく必要があります。これだけITが発達した以上、これから、様々な技術の変化が人々の働き方や会社の業績の上げ方に相当の影響を及ぼすと思います。この点は頭に入れておく必要があります。

まずいのは、どちらかに決めつけてしまうことです。たとえば、出版業界の電子書籍の問題を例にとると、多くの人が「電子書籍が支配的になるか／ならないか」と考えています。みんなの意見を聞いて、頭の中でどちらかに決めようと思ってしまっている。中途半端だと気持ち悪いと思うのか、どちらになるか知りたいと思ってしまうのです。

しかし、残念ながら多くのことはどちらになるか明確に決められない段階にあります。そして決められない段階にあるにもかかわらず、多くの人は頭の中でどちらかに決めつけてしまうか、あるいは何も考えないかとなってしまっています。これはすごくもったいない話です。

たとえば「かなり高い確率で電子書籍が支配的になる」というように、決めつけないで考える必要があります。さらに出版関連業界の人であれば「電子書籍の普及のしかた」についても細かく自分の予測を作り、その予測に基づいて、どんなふうにスキルアップしていけばよいか考えるとよいでしょう。どちらの方向に転ぶのかはわからないので、このような発想をしなければなりません。「これからは電子書籍だ」と決めつけてしまったら、大コケしたときに対応できなくなってしまいます。

また、ある程度場合分けをして将来の可能性を考えておいて、その結果、たとえばある程度電子書籍が普及してきたら自分の予測を改訂する、そしてまたプランを練り直すという作業をしていく必要があるでしょう。

†新しい技術にアンテナを

変化の速い時代には、やはり新しい技術変化の兆しをどれだけ早くキャッチできるかも、成功を大きく左右します。ですから、新しい変化を予測する癖をつけておく必要もあると思います。電子書籍のようにすでに有名になってしまったものだと、むしろ考えるタイミングが遅いかもしれません。今はまだ有名ではないけれど、変化の可能性を秘めたことが起こっているかもしれない。そんな技術に対するアンテナをはっておく必要があると思います。

どちらかといえば年齢が上がるほど、新しい変化に対する感度は鈍って、今まで培ってきた自分のスキルでとりあえず生きていこうという発想になりがちです。しかし、残念ながらそれほど甘くない事態が世界の様々な分野で生じてきています。それまでの環境での技術も大事ですが、新しい技術変化についてどこまで敏感に察知できるかは、特に中高年では大事になってくると思います。

③ 目標を組み立てる

次のステップは目標を立てることです。

†目標は二つもつ

最近多くの人に、目標はできれば二つもったほうがよいと薦めています。この二つとは、「近い目標」と「遠い目標」です。近い目標は、状況に応じてコロコロ変えていくべきものです。遠い目標は、そんなにコロコロ変えないで、長い目で見て、動かして調整していくべきものです。遠い目標があることで、近い目標をコロコロ変えてもブレずにいられます。この組み合わせをうまく作れるかが重要です。

世の中で成功者といわれている人は、この二つの目標のバランスをうまくとりながらやっている人が結構多いようです。長期的な目標をしっかりもちながら、短期的目標ももち、それを柔軟に変えている人たちです。

多くの人の場合、これを一つの目標でやろうとするので、長期のことを考えて簡単に目標を変えられなくなったり、短期にひきずられて長期がふらふらしたりしてしまいます。その結果、仕事や働き場所の選択も目先を重視してしまったりします。

会社にずっといつづけられた時代には、「日々の仕事が短期目標、出世が長期目標」ということだったのですが、その軸が今は会社の内外でずれてきています。どこでどう働くかという短期の目標は動かしてもいいのですが、将来的に自分はどんな方向性でどんなふうに生きていくのかという長期目標も、しっかりもっておかないといけません。

†目標を書いてみる

しかし、そういわれても抽象的でずいぶん難しいことだと思う方も多いでしょう。そこでまずは、今述べたことを書いてみることをおすすめします。今私が述べたことは、読んだだけでは、なかなか実行できないものです。ですから、まず短期の目標と長期の目標を、とりあえず書いてみるのです。そうすると、いかに自分がこの二つについて曖昧にしてきたかがよくわかります。「なんとなく長期の目標はある」という人は多いと思いますが、「一〇年後、二〇年後の目標を書いてみてください」といっても、行き詰まる人は多いのです。

書いてみることには、二つの点でメリットがあります。一つは、それによって自分の気持ちを切り替えることができるというメリットです。目標を自分の中で明確にして進んでいくためには、気持ちをしっかり切り替えることが必要ですが、こんな方向性をもっていると漠然と考えているだけでは、実は気持ちはなかなか切り替わりません。「書く」という作業をすることで、自分の目標を客観的に見ることができ、気持ちを切り替えやすくなります。

もう一つは、自分の中で目標を「具体化」できるというメリットです。頭の中で考えているだけでは、実は目標は極めてあいまいになりがちです。しかし、言葉として書くとなると、そのあいまいなものを明確にする必要に迫られます。その過程で自然と自分の目標自体が、明確になり具体化されていきます。

ただし、このときに最初から完璧なものを書こうとするとペンが止まってしまいます。試行錯誤が必要なので、とりあえずというぐらいの軽い気持ちで、まず書いてみて、その後それを何度か書き直して改善していけばよいと思います。

④ 少しずつ、踏み出してみよう

シミュレーションをして、目標を定めたら、次は具体的に踏み出してみることです。でも、それはそんなに簡単なことでありません。ここからは、考えるだけでなく、どう決めて、どう踏み出すかという話をしたいと思います。これには大きく分けて、三つのポイントがあります。

†決める癖をつける

一つは、まず決める癖をつけるということです。この癖をつけておかないと、いざ少しリスクがあるような話になったときに、自分で決めることができません。ですから、小さな決断を積み重ねる練習をして、決断する癖をつけておく必要があります。

日本の会社や学校は、多くの場合、自分で決めるということをさせない、「誰が決めたかわからないうちに物事が決まっていく」組織です。ですから、もし何か問題が生じても、誰に責任があるのかわかりません。全体の合意をとって物事を進めていくという点では合理的といえますが、個人に「決めない癖」がついてしまいます。

だからこそ、日頃から自分で決めていく癖をつけるようにしないと、いざというときに「自分ひとりで決められない」「自分で決めて大丈夫だろうか」と感じてしまいます。

では、そのような癖をつけるにはどうしたらよいのでしょうか。なかなか会社の中では、独断専行で大きなことを決めていくわけにはいかないでしょう。理想をいえば、小さなことでもよいから、仕事関係のことを決めていければ一番なのですが、それも難しい場合が多いかと思います。

そんなときには、「昼に何を食べるか」「明日どこに行くか」というような日常生活の選択でいいので、自分で考えて自分で決める癖をつけることが大事です。そんな、ある意味どうでもいいようなことでも、自分で決める癖をつけておくと、少しハードルの高い大きな決断になったときにも、きちんと自分で決められるようになります。

ですから、身近なところから決める練習をするというのが大切です。

「そんな何を食べるのか決める練習なんかしても、会社や人生の重要な決定をする際にどんな役に立つというのか」と思われる方もいるかもしれません。確かに、デザートに何を選ぶかという話と会社での投資の話とでは、内容はまったく違います。デザートを選ぶという行為から、投資に関する知識が増えるわけではないですし、役立つ情報が得られるわけではありません。しかし、これは知識を増やすための練習ではなく、決める癖をつけるための練習なのです。

知識や情報は申し分なく、決めるのにある程度十分な材料が揃っているにもかかわらず、踏ん切りがつかない、決断ができないというケースをしばしば見かけます。もう少し事態の推移を見守ってからとか、もう少し待つと追加の情報が得られるかもしれないと、自分に言い訳をして結局ずるずると決められないでいる、という人も多い気がします。それは、この決める癖がついていないからです。何かの知識が足りないからというよりも、思考パターンの癖の問題なのです。ですから、まったく別のことでもよいから、練習をして決める癖をつけておくと、本当に重要なことを決めることも容易になるのです。

もちろん、今考えているのは、自分の将来のシミュレーションをしてから、一歩を踏み出すプロセスなので、すぐにそんな大それた決断が必要ではないかもしれません。しかし、少しでも踏み出していくうえでは、いろいろと自分で決める必要があることも生じるはずです。だから、決める癖をつけておくことが大切なのです。

†完璧を求めない

二番目のポイントは、踏み出すにあたって「完璧を求めない」ということです。多くの人が、できるだけいろいろな情報を集めて、「完璧に安全だ、完璧に自信をもてるとなったら次に進もう、転職をしよう」と思いがちです。つまり、完璧を求めてしまうのです。

しかし、完璧な手当てをしてから進もうと思ったら、絶対に先には進めません。今の世の中、「完璧な安心」が得られてから進むということはおよそ考えられません。

そんなことをしているといつまでも動けなくて、どんどんリスクが高まってしまうというのが現状です。

ですから、部分的でも、ある程度自信をもてるところがあったら踏み出してみるようにしないと、先には絶対進めないと思います。踏み出すときは、そんなものだと考えて、完璧を求めないで踏み出してみることが大事です。

†大きく踏み出さない

三番目のポイントは、「大きく踏み出さない」。大きく踏み出さずに少しずつ進んでいくことが必要です。やや逆説的に聞こえるかもしれませんが、現実に起きているのは、大きく踏み出そうとするから、結果何も踏み出せないという現象です。ですから、踏み出すためには、あまり大きく踏み出そうとしないことが大切になります。

たとえば、今いる会社で仕事に不満があるとしても、いきなりその会社をやめて転職や起業をしようとすると、それはかなり大きな踏み出しになります。そうなると、急に不安を感じて転職を躊躇してしまったり、逆に冒険をして大きなリスクに直面してしまったりします。

　ずいぶん変わってきたとはいえ、日本社会ではまだ転職が当たり前になっていない以上、個人の選択としては、そのように大きく踏み出すよりも、まずは、いつやめても困らないように、働きながら、やめられる態勢を作っていくことが重要です。

　たとえ不満が大きくても、ある程度我慢して、その間に新たな知識など転職や起業に必要なスキルを身につけていくことが大切です。正社員の場合、そのことで得られる知識や情報もたくさんあるはずです。それをできるだけ吸収することも必要でしょう。いずれにしても、準備をしないで飛び出しても苦しくなるだけなので、少し我慢をして準備に時間と労力をかけることです。

　スキルが身について、見通しがある程度ついてから、会社をやめましょう。本書では会社を変わっていくこと、働き場所を環境変化にあわせて変えていくことの重要性を強調していますが、大きく踏み出して、大きなリスクにさらされることがないように動いていくことが大切です。

　ロッククライミングでは、「三点は支える」、つまり岸壁に手足四つのうち三つがかかっていることが大事です。二つだけで支えるのは危ないですから、三点を確保したうえで動くのです。そうすれば、危険を避けつつ、残りの一つで次を探ることが可能になります。この発想が、人生を進んでいくうえでも、とても大切だと思います。

経済学の言葉でいえば「リスク分散」を図ることが大事です。つまり、失敗しても壊滅的なダメージを受けない程度の進み方をする、いろいろなところに軸足を置いておくということです。

日本人は「これ一筋」とか「背水の陣を敷いて何かに賭ける」というのが比較的好きな国民のようで、そのようなことをしている人を評価する傾向があります。たとえば、スポーツ選手で引退後のことを考えて副業をしているという人は、あまり評価されません。引退後のことを考えず、現役に集中する人が評価される傾向にあります。

この、一つのことに集中する戦略は、集中したことによって得られる、その先の大きな成果が明らかな場合にはよい戦略だといえるでしょう。しかし、今の世の中は何が起こるかわからない不確実性のある時代です。一つのことに集中するのはあまりよい戦略とはいえません。リスクを分散させる必要があります。

その典型的な喩《たと》えが「卵は一つのバスケットに全部一緒に入れてはいけない」というものです。卵は分けて入れておかないと、バスケットを落とした時にすべてがだめになってしまいます。同様の考え方をすれば、仕事についても、大きな決断をしないといけないにしても、できるだけリスク分散を図っておかないといけません。そうすれば安心感が生まれますし、安心して踏み出せるようになります。

⑤ 引き返す

†やり直すのが当たり前

大きく踏み出さないのと同時に、「うまくいかないこともある」のを当然と考え、その場合には「やり直す」ことを基本とする必要があります。ゴールが見えないときは、基本は「やり直す」しかありません。走ってみてうまくいかなかったら、さっさと方向転換することです。

働き方や働く場所についても、やはり試行錯誤をして何度もやり直すという発想に転換する必要があります。そもそも、世の中全体が「あっちがいいかな、こっちがいいかな」と試行錯誤している時代です。会社も産業もそうやって出口を探して右往左往している中で、個人の働き方だけが「この会社に決めたら一生安泰」といっていられるわけがありません。

もちろん会社の中のシステムはそう簡単には変わらないので、読者の方々の職場はまだ状況が違うかもしれません。しかし、少しずつとはいえ変化していかざるをえません。そう考えるならば、個人の働き方も、基本は「やり直す」というように発想を早く切り替えていく必要があります。

中高年の人は「やり直す」というと、抵抗感があるかもしれません。しかしこれからは、それは当たり前のことなのです。

リストラにあう、あるいは失業するというのは、個人の能力の問題だと思われる傾向があります。確かにそのようなことが原因で会社をやめる人が多かった時代もあったかもしれません。しかし、少なくとも今の時代は、リストラにあったり解雇されたり会社がつぶれたりということが、個人の能力以外の要因によって起きることが多くなってきています。

ですから、そういう場面に直面した個人も「自分に×がついた。自分には能力がない」と思わないほうがいいと思います。

個人の能力とは無関係な要因で会社から放り出される人が増えているということは、言い換えると、放り出されても他では活躍の場はかなりあるということです。ですから、今の会社にいられる可能性がなくなったからといって、自分はもうだめだとあきらめるべきではないのです。そこは発想を変えて、これからはむしろ頑張れる、そこからチャンスがもっと広がってくると、自信をもってやり直すべきなのです。

†人生は長いからやり直す必要がある

また、寿命が延びているということも考えておく必要があります。高度成長期と比べても寿命は延びていて、今は「人生九〇年時代」と呼ばれています。また、単に寿命が延びたわけではなくて、元気に働ける期間も長くなっています。

現在は、六〇歳、六五歳になったらもう仕事はお終いというわけではありません。

多くの人が五〇歳をすぎると「人生の第四コーナーを回った」などといいますが、そんなことはないのです。まだまだ可能性があって、先は長い。少なくとも「第四コーナーを回った」と考えるのは七五歳ぐらいにすべきです。四〇代ならば「今がスタート地点」という感覚でいたほうがいいと思います。もちろんその先でまた方向転換をするチャンスもあるはずです。

四〇代で、今からスタートだと考えた場合に、どんな仕事を選択したらよいでしょうか。それまで二〇年してきたことと同じ仕事を、同じ人たちの顔を見ながら続けるべきでしょうか。もちろん、今までの知識や経験を生かした仕事をしていくことは重要でしょう。しかし、年代が上がるにつれて、「新鮮な好奇心をもって仕事ができない」という人が増えてくることも事実です。また、培ってきた経験や知識が通用しないと嘆く中高年の方も増えています。

そう考えると、今までやってきた仕事にあまりこだわることなく、ある程度目先を変えるなどして、新たな好奇心や生きがいや知的刺激を得る工夫をしていくことが再スタートをするうえでは重要でしょう。

「もう働きたくない」「もういいや」と思う原因の一つは、やはり「飽きる」ことだと思います。せっかく人生が長くなってきていますし、ある程度働かないと年金生活に入れない時代だとすると、やはり飽きないこと、新たな展開を考えることが重要ではないでしょうか。

『100歳、ずっと必要とされる人』（福井福太郎・広野彩子著、日経BP社）という本があります。私が注目したのが、この本の著者で「一〇〇歳のサラリーマン」でもある福井福太郎さんが、二〇歳から一〇〇歳まで同じ会社で働いていたわけではないということです。毛皮を扱う仕事をやめて証券会社で働き出したのが四九歳、現在働いている会社は七〇歳からだったそうです。

やはり、これからはほとんどの人が六〇歳を越えて働くということになると思うので、好奇心をもち続けられるようにすることが大事です。その意味でも、「さっさとやり直す」ということがポイントだと思います。好奇心も関心もうすれてきたのに、今まで勤めてきたから「やっぱりこの会社にいよう」というのは、どんな年齢であってももったいなく思います。

だから、ある程度うまくいっている人でも、そういう目で新しい方向性について考えたほうがいいと思います。「培われたスキルを生かしつつも飽きないでいられる新しい展開は何か？」と考えるべきなのです。

†ライフプランは一直線ではない

また寿命が長くなり、働ける期間が長くなったということは、働いている間に起こる変化も大きくなったということです。二〇年程度だとそんなに変化は起こらず方向転換は必要ないかもしれませんが、五〇年働くことになれば、その間にやはりいろいろな変化が起こるので、変化が起きることを前提に一生のライフプランを考えないといけないと思います。

今までは「変化があるかもしれないけれど、会社が対応してくれる」と多くの人は思っていたかもしれません。しかし、第二章で強調したように、会社は自分のすべてをうまく指図してくれるわけではないし、保証してくれるわけではありません。自分の働き方やライフプランは自分で組み立てていく必要があります。

世の中で「ライフプラン」というと、一直線なものを考えがちですが、それはもう時代にあっていません。今まで述べてきたように、途中で方向転換することがあるし、状況が変わることもあります。将来にはいろいろな不確実性があるという前提で、プランを考えておくことが大切です。

†さっさと引き返す

引き返すことにはデメリットもあって、その一つは「腰が据わってない」などと批判される場合もあることです。リスク分散について述べたところでも触れましたが、日本人は一つのことに「一生をかける」「命をかける」「全身全霊決めたことに打ち込む」ということをとても評価してきた傾向があり、伝統的に「さっさと引き返す」というのが嫌いなのだと思います。

これは日本人のメンタリティのかなり重要な性質です。日本的発想と考えられてきたものの中には薄れてきているものもあって、学校で教えられなくなったものもあります。しかし、この「やり始めたらあきらめずに一つのことをやり続けなさい」「背水の陣で頑張りなさい」というのは、学校教育でもまだ教えられています。私も日本人なので一応、それは大事なことだと思いますし、その発想は好きなのですが、この発想が根強いからこそ「さっさと引き返せ」といいたいのです。ほとんどの人が深追いしすぎると、失敗してしまうからです。

現在は、明治時代や戦後復興期、高度経済成長期とは状況がまったく違います。明治時代には目標がはっきりしていて、やるべきことが決まっていたので、そのときは「あきらめずにひたすらやれ」というのは正しいアドバイス、正しい指導のしかただったのだと思います。

前に述べた「宝探し」の例で説明すると、絶えず掘る場所を変えてばかりいるのは、もちろんいけません。しかし、このような不確かな時代、どこに宝があるかわからないのに「決めたところをひたすら掘れ」というのは現実にあっていないと思います。

†小さな成功体験を積み重ねる

日本は、試行錯誤をしてだんだんよくなっていくというのがあまり認められない社会、出す以上は完璧なものの提出が求められる社会です。その社会環境が変わらず、あまり試行錯誤できないとなると、ある程度「自分の中」で試行錯誤してみる必要があります。

少し精神論になってしまいますが、あるテレビ番組に元プロ野球選手で東大野球部の特別コーチになった桑田真澄さんが出ていました。興味深かったことの一つは、彼が「常識を疑ってかかれ」といっていたことです。私も普段から思っていますが、東大生は素直で、さらに野球部だと上のいうことを聞きすぎる。そこで、常識を疑って自分で考えてトレーニングをしないとだめだというのが桑田さんの主張なのです。

もう一つ興味深かったのが、自信をもつ必要があるということです。自信がないから負けるということなのですが、これは悪循環で、負けるから自信がもてないわけです。しかし、いくら自信をもてといわれても、実際問題負け続けている以上自信をもてません。ならば、自信をもつためにどうすればいいかというと、「小さな成功体験を積み重ねる」ことが重要となります。「小さな成功体験を積み重ねて少しずつ自信をつけていくと成功する」ということです。

たとえば、学習塾で有名な公文式の特徴の一つは、易しい問題からやらせていって、成功体験をさせるという点です。百点を取れるようにして、レベルアップしていくというしくみですが、百点が取れるという成功体験を低いレベルでもいいから積み重ねていくと、結果的にだんだんできるようになるというわけです。

桑田さんの話で一番興味をひかれた点は、この小さな成功体験をつむ場所が「ブルペン」だとおっしゃっていた点でした。限界はあるのですが、「いい球を投げられる」「自分が思う球を投げられる」というような小さな成功体験を、ブルペンで作りあげるのです。

「ブルペンで百球投げ込んだから大丈夫」という話やマラソン選手の「何百キロと走り込んだからそれが自信になった」という話のような、たくさんの練習が自信を生んだという話はよく聞いていました。けれども、桑田さんの場合は違って、実際にその練習の場で「成功体験を積み重ねる」ということでした。たくさん投げ込むというような「量」の問題ではない。ブルペンで実際によいパフォーマンスを示すこと、そのことが自信を生み、成功を生むというメッセージでした。

†試行錯誤するブルペンが必要

私は、このブルペンが働き方にも必要だと思っています。野球のブルペンに相当する、たとえばノートだとか、新しい働き方の練習の場所が必要なのではないかと思います。目標を紙に書くというお話をしましたが、その紙も「ブルペン」の一つになりえます。それぞれの人が試行錯誤ができる、そしてそこである程度成功体験や自信を深められるようなノート、あるいはそういうことができる場所を作って自分なりの「ブルペン」を確保しておくことが必要だと思います。

本書のここまでの流れを少し整理しましょう。会社に任せておいてはいけないという話から、自分で組み立てましょう、自分でキャリアを積み重ねていきましょうという話になりました。しかし、そこでいきなり独立をするあるいは転職をするという話になると、単なるシミュレーションをしていた段階との間に結構な差があるので、普通の人からするとそれを飛びこえるのは怖いことだと思います。

これは「お前に任せるから、登板してみろ」といきなりいわれるような話です。ですから、やはり準備のための「ブルペン」が必要です。そのようなものを意図的に作っておかないと、いきなり登板するのはしんどいからです。

ある程度いろいろ試行錯誤ができる練習場を確保しておく必要があります。そのようなものをいろいろ意図的に作った先に、会社を作る、転職をするということが見えてくるのではないかと思います。

第六章で詳しくお話ししますが、そういった「ブルペン」としてサブでバーチャルカンパニーを作ってみようというのが一つのアイディアです。それに近いことを考えている人は、ビジネスの世界でも少しずつ出てきているようで、「草野球会社」などとも呼ばれています。まずはメンバーを集めてみる、それで草野球会社を作ってみる。それでうまくいったら表舞台に出る、というのがいいのではないでしょうか。そのためには、草野球で投手、キャッチャー、打てる人間など欲しい人材を集めたり、その練習を積んでいってチームを作るのと同じようなプロセスが必要になります。

まずはブルペン、次に草野球会社、その次に会社を動かし始めたり転職したり、という流れがいいのではないかと思います。

ブルペンでは、どんな会社を作るのか、どんな人を集めるのか、どんなことをやりたいのか、近い目標と長期目標はどんなものか、そのような設定をつめます。そこは自信をつけて、そこそこの草野球会社を作る準備段階の場所なのです。草野球会社は、このブルペンがないとできません。

もちろんそのブルペンも一人ではなくて、仲間で集まってやったほうがよいでしょう。仲間が集まったブルペン的なものが大切です。この点は第六章でバーチャルカンパニーを説明する際に詳しく述べます。

ブルペンと草野球チームはきっちり線を引けるものではないと思いますが、頭の中をきっちり整理する期間、整理した後で活動を広げていく期間、活動を広げてうまく回ったら実際に動く期間というようにステップをおって考えるとやりやすいと思います。

†試行錯誤は世界的傾向

今までお話ししてきた試行錯誤するという話は、もう少しマクロの視点から捉えると、世界的な傾向だと思います。先進国全体がこの方向にむかいつつあります。M&Aがこれだけ増えたのも、その一つの表れです。すぐに方向転換しようとすると、M&Aが必要になるからです。

一九九〇年代以降アメリカがうまくいった大きな理由はIT産業の発展です。IT産業の発展により大きな変化が起こったときに、アメリカ経済のしくみがそれに一番フィットしたのです。つまりアメリカは、方向転換しやすいし、いろんな意味で試行錯誤がやりやすい国だったということです。

アメリカのシステムがベストだとは思いませんし、日本のシステムにもいいところがあると思います。ですが、このように答えがない中で試行錯誤しなければならないというときには、アメリカのしくみにメリットがあったということです。この点は日本も参考にすべきで、日本なりの試行錯誤がしやすいしくみを作っていく必要があります。

第四章

能力の棚卸しはこう進めよう

†四〇代、五〇代はまだまだこれから

まず確認しておきたいのは、人生九〇年の時代には、四〇代・五〇代は、まだまだこれから、いろいろなことをやるチャンスがあるし、また多くの人がそれだけの能力をもっているということです。ですから、これからまだまだ二〇年、三〇年ぐらい、再就職や起業、社会的活動などさまざまなことにチャレンジしていく気概とそのための準備が必要です。

しかし現実には、四〇代、五〇代になると、ぼくのまわりでも「もう人生の先が見えた、やることがあまりない」と思っている人が多いのです。それは余りにももったいない。その発想はやはり変えなければなりません。

多くの人がそんなふうに、「先が見えてしまった」と思う一番の原因は、今の会社の中で「自分に何ができるか」「どういうポジションを与えられるか（将来与えられる可能性があるか）」という発想で、自分の能力を判断してしまうことです。

業績が頭打ちの会社も多く、ポストもどんどん少なくなっています。その結果「自

分が活躍できる場所がない」と思う人が増えてきます。しかし、そんな人でも、自分の会社以外の場所では、もっと能力を発揮できるかもしれませんし、活躍の場所があるかもしれません。

まずはその「能力」を自分で認識することが大事です。

「能力の棚卸し」とは、改めて「自分は何をやりたいか」「どういう能力があるか」という自分の能力の評価を、社内基準ではなく、いろいろな可能性を考えた「外の基準」で行うことです。本章では、この「能力の棚卸し」を具体的にどう進めればよいのか解説していきたいと思います。

†今の会社の価値基準を捨てる

能力の棚卸しの際には、今の会社の中での判断基準、価値基準をできるだけ捨ててみることが大事です。

働いている会社の価値基準に染まってしまう傾向というのは一般的にかなり強い気がします。中高年だけでなく若者でもそうです。たとえば就職して半年ぐらいの学生にOB会などで会うと、「わが社では……」と自分が会社を背負っているような口ぶりになっています。ほとんどの学生がその会社に強い思い入れがあって入ったわけではないのに、もうその会社に染まってしまっているのです。これはある意味では、すごいことです。日本企業はこのようにして団結力を生み、強くなってきたのだと改めて認識しますが、やはり驚いてしまいます。

もっといえば、この話は会社に限った話ではありません。人間は自分で価値判断をしているように見えて、自分だけで価値判断をしているというケースは、実はごく稀です。「自分の周りの人がどんな評価をしているか」が、本人の価値判断にかなり影響するのです。

たとえば学者の世界でも、「学術雑誌に何本論文が掲載されたかがその人の価値のすべてだ」と考える人が集まっている大学だと、マスコミに出るなど他の活動をどれだけしていても、評価されません。そして「論文の数が多くないと評価されない」と周りがなると、自然と自分も論文を書かなければと思うようになるわけです。

逆に、論文の数などよりも事務作業をいかにこなすかが評価される大学にいると、やはりそれに染まって、事務作業を重視するようになります。自分の周りの人が何を基準に評価しているかということは、意外にそれぞれの人に大きな影響を及ぼしているのです。

一般的にこのような傾向があるうえに、会社内では、固定化されたメンバー、同じような価値観をもった人と何十年も一緒にいることになります。先ほどの学生の例のように短期間でも影響されることを考えると、より長期であればあるほど、その会社の発想に頭が固定化されていってしまいます。よほど意識して変えない限り、社内の考え方や、目に見えない評価基準に染まってしまうことが、無意識のうちに起こるのです。だからこそあえて「社内の価値判断を捨てて」考えてみるべきなのです。意図的に変えてみないと、社内でどう評価されるかということばかりに、頭が向かっていってしまいます。

†会社で評価されなくても

また残念ながら、「大部分の中高年の人が社内で評価されなくなる」という事態が、当たり前のように起こってきています。これはその人の能力の問題というよりは、マクロ的な構造の結果です。

マクロの構造という観点からいえば、成長率が頭打ちで、既存企業の大部分が伸びていないということです。そうなってくると、部門が大きく増える、その結果ポストが増えるという事態は、大部分の企業では見込めません。成長している企業では、新しい部署ができるのでポストも増えるわけですが、現在は大部分の企業でむしろ部門が減る、ポストが減るという状況にあるわけです。

また、企業はピラミッド構造ですから、年齢が上がるにつれて役職も上がっていくと、ポストの数は減ります。そうすると必然的に、年齢が上がると評価される人数も減ってきます。これは、企業内にそもそもある構造なのです。ポストが減っていく。必要とされる人数が減っていく。そうすると、大部分の中高年の人が評価されないということになる。そのような構造の結果なので、評価されない中高年の人が多いとしても、それは必ずしも「能力がない」ということではないのです。

多くの人が社内だけを見て「能力がないから自分は評価されないのだ」と思ってし

まいます。しかし、社内だけを見て「能力がない」と思っている人にも、実は大きな可能性がある、能力がある人が多くいるということなのです。ですから、社内だけを見て「自分には能力がない」と思っている方は、もっと自信をもつべきです。評価されなくても、それはそのような構造にあるからなので、状況次第で大きく変わってくるはずだからです。

言い換えれば、社内だけを見ているのはもったいない、ということです。社内に閉じこもっているのではなく、扉を開いてみれば、能力を評価してくれる人がたくさんいるかもしれません。もっと自信をもっていいのではないかと思います。

また、寿命が延びてきているので、昔の五〇代と今の五〇代では働ける力がまったく違ってきています。平均寿命が六〇代だったときの五〇代は、人生としてもある程度先が見える年齢だったかもしれません。しかし多くの人が八〇歳、九〇歳になっても元気でいられる現在、五〇代で先を見据えたときには、新たな可能性が広がっています。

単に寿命が延びただけでなくて、バリバリ働ける、やる気をもって活躍できる期間も延びているということで、この延びている期間でやれることは昔よりはるかに増えています。ですから、もっと、将来の可能性を高く評価すべきです。この点は、強く強調しておきたいポイントです。

†肩書きをアピールに使わない

ただし、社外に目を向けて、社外でどう活躍していくかを考える際には、ある程度工夫が必要です。単純に今までの能力で通用するとは限りません。この「工夫が必要」というのが重要なポイントです。

社外に目を向けたときに一番やってはいけない間違いは「前の会社で自分はこのような役職にいました」とアピールすることです。これは、今までの価値観をひきずっていて、それが通用すると思い込んでいるということです。「大企業の○○で部長までやったんだから、どこでも雇ってくれるだろう」というのは、一番まずいやり方で、それだとうまくいかないのです。

裏を返せば、このような人には、自分に誇れるものがない、自信があるスキルがないともいえます。面接で「あなたは何ができますか」と聞かれて、「〇〇で部長をしていました」としか答えられない人は、大会社でのポジションしかアピールできるものがないというわけですから。

ただ、「大企業の〇〇の部長だった」ということには、本当は価値があるはずです。ですから、「大企業の〇〇の部長だった」ことで、他の人にはない知識や能力がどのように身についているかということをもっと掘り下げるべきなのです。そしてその中身を自分なりに把握して、それを外にきちんと伝えられるようにすることが大切です。

大企業に限らず中小企業でもそうです。ある程度その会社に長くいたということは、それなりに、そうでないと得られなかった知識や能力が身についているということで、それは貴重なものです。ただ、その知識や能力が何なのかをきちんと説明しないと、周りはわかりません。そこをきちんと説明できるようにすることが大事です。

ただし、過去のプライドが邪魔する例は多いので、そこは気をつける必要があります。きちんとしたスキルをもてば、そのようなものを誇示しなくてもよくなります。

†日本人は自分の能力をきちんと把握してこなかった

しかし、多くの人が、自分にどのような能力があるか人に話すのを苦手にしています。これは日本人特有の性質なのかもしれませんが、その理由は少なくとも二つありそうです。一つは謙遜で、たとえば、社長就任の挨拶などで「私は何もできないですが」と述べるようなものです。

二つ目は、本質的な自分の強さや弱さを厳格にチェックし把握するという作業を、多くの人が実はきちんとやっていないからです。実際今までは、自分の能力の評価は、自分がするものではなく、上司がするものでした。そんなことをする必要はなかったのです。上司は正しく評価してくれないかもしれないけれど、それで給料が決まりポストが決まり行く先が決まるというのが、会社のサラリーマンです。自分で評価なんかをしても、上司にその通りに評価されないと、かえってフラストレーションがたまってしまいます。だから、自分でやるだけ損でした。

このように、自分で評価するということはあまり必要とされなかったし、下手にそんなことをするとフラストレーションがたまるというのが、今までの職場環境でした。そんなふうに、自分の能力を見つめることなく、多くの人が今まではやってきたわけです。

†まずは自分の能力をきっちり把握する

しかし、これからの二〇年どうやって生きていこうかと考えるときには、自分には何の能力があって、どういう能力が欠けているのかをきちんと把握しておく必要があります。具体的に口に出さなくてもいいですが、少なくとも、心の中に判断としてもっておかないといけません。これが、棚卸しの大きなポイントです。

よく考えると当たり前のことですが、どんなことでも、自分たちのどこに強さがあってどこに弱さがあるのかという分析がないままでは、戦えません。たとえば、チームのどこに優れた選手がいるか、どこが弱点かということを知らない監督は失格ですよね。ですから、これは基本中の基本のことなのですが、意外にやられていないのです。

†把握したものを説明する

自分の能力をある程度把握できたならば、それを相手に伝えるコミュニケーション能力があるか、が次のポイントになります。この「コミュニケーション能力」については、ある意味では日本文化とバッティングする面があるのかもしれません。日本の文化には、「自分はあれができます。これができます」ということをひたすらいうのは、はしたないあるいは奥ゆかしくないという感覚があるからです。しかし、これからはこの能力がかなり重要になってくると思います。

ただし、このコミュニケーション能力は、自分の能力をきちんと把握したうえでの話です。何のチェックもしないで「自分はあれができます。これができます」と口だけうまくても、それは本質を見誤ったメッセージを伝えることになるだけです。まずは自分の能力をきっちり把握するということが必要です。

†「能力」とは何か?

それでは、ここでいっている自分の「能力」とはそもそも何でしょうか。周りの人を見ると、実は、これがなかなか答えるのが難しい質問のようです。

たいていの人は、能力を聞かれて自分が経験してきたポストについて話をしてしまいます。それでは、残念ながら本質的な能力について話していることにはなりません。

まずは、経歴以外に自分の能力を語れるように工夫をしなければなりません。誰でもいえるような抽象的な言葉、たとえば「統率力がすぐれています」というようなことはいえるのですが、「具体的にどういうことができるのですか？」と聞かれると意外と難しい。また、「他の人と比べてどんな能力がありますか？」というのも、答えるのが難しいものです。

客観的にその能力を証明できるかという話は、最終的に転職をしようと思ったら必要になってきますが、今はその点は、横に置いておきましょう。というのも、能力の証拠を示してみろといわれても、日本の企業はそのようなエビデンスを作り出さないことが多いので、特別な資格などをのぞいてそういう証拠などないのが実情だからです。

ですから、証拠はなくてもいいので、まずは自分自身に問うたときに「こういう能力がある」と自信をもっていえる能力は何かと考えてみましょう。そのときには「この能力がある」あるいは「ここは人より欠けている」と、できるだけ具体的にあげていく作業が必要になります。

†他の人に能力を見てもらう

今述べたように自分の能力を具体的にあげていく癖をつけるというのは、結構難しいことだと思います。自分だけでやるのは難しいので、これについては「仲間作り」をしながらやるといいでしょう。自分のことは自分が一番わからなかったりするものです。自分を評価するというのは意外に難しくて、周りの人、他人ならわかる、客観的に評価できるということは多いと思います。ですから、自分の能力を客観的に評価してくれる人を周りに見つけることが、自分の能力を評価するうえでは必要です。

理想的なのは、比較的自分をよく見てくれている人で、率直に能力について語ってくれる人です。なかなか見つけにくいかもしれませんが、世代が近くて同じ社内で同じような環境にいる人がいれば、双方向にお互いを評価しあうのに、比較的抵抗が少ないのではないでしょうか。一方的に「お前はここがだめ」といわれると腹が立ってくるので、お互いにいいところ・悪いところを言いあえる、そのようなコミュニティを作っておくことが重要です。そうして、自分には相対的にどこに強みがあって、どこに弱みがあるのかを絶えず確認するといいでしょう。

また、そのような目で他人を評価すること、評価する癖をつけることも重要です。もちろん管理職についていて部下の評価をしている人もいると思いますが、それはあくまで社内の価値に基づいています。そうではなく、「この人は社外でどのように通用するだろう」と考えることが、結局評価する目を養うことになり、自分の評価をする際にもやりやすくなります。

社外の目で評価していると、だんだん社内の価値観から頭が切り替えられてきますので、やはり定期的に習慣づけることが必要です。一日の中で「洗脳を解く」時間、異なる価値判断基準をもって物事を見る時間を作っておくと、やがて見方が大きく変わってくるはずです。

†社外の人に見てもらうとなおよい

他の人に見てもらう際に、社外の人を仲間に入れることができれば、なおよいでしょう。異なる価値観、異なる発想をする人から見てどう見えるかは大事だからです。社内の同じような環境のメンバーは、自分のことをよく見ているという点ではメリットがあります。しかし、やはり同じ価値判断の基準に染まっている人が多いので、社外の人に、大きな視点で見てもらうほうがよいのです。

この「社外の人」は、コンサルタントの人などでもいいのですが、異業種の人ということでもいいと思います。異なる発想で見てもらうと「それはあまり価値があるとは思わない」「その能力はうちの業界だと大事だと思う」という意見が出てくると思います。そうすると、今の会社でマッチしていなくても、この能力はこの業界だと活きるというのがわかるようになります。

意外ですが、他の業界でどんな能力が要求されているか、どんな能力が評価されているかということを知らない人が、とても多いのです（自分の会社で一生生きていくことを考えている人からすれば当然かもしれませんが)。「取引先のあの人は全然能力がないと思っていたら出世していた」とか「すごく能力が高いと思っていたのにうまくいってないようだ」という例を見る機会はあるかもしれませんが、異なる産業においてどんな能力が要求されているのか、どんな人材が求められているかは、意外に知らない人が多いようです。

たとえば、電機産業のホワイトカラーの人にどのような能力が必要とされているのか、またその能力と自分の能力がマッチしているのかしていないかは、他業界の人にはわかりにくいと思います。

一般に、銀行の人はよく他の業界に転職することがあります。これはどうしてかというと、一つの理由はお金を貸してほしい会社が受け入れるからでしょうが、二つ目は、自分の会社に来ていた担当の人だと会社はその人の能力がわかるので、「あの人なら役立つかもしれないな」と思うことが多いのだと思います。

ただし、そのような特殊な業界にいる人をのぞいては、他の業界がどんなスキルを重視しているのかはなかなかわかりません。現在、異業種交流会などが盛んですが、あまりそのような目では集まっていないと思います（ベンチャービジネスの異業種交流会だと、引き抜き、転職の目的で使っている場合があります）。具体的な商売の連携などには目が行くのですが、どういう能力を評価している会社かということは、異業種交流の場で語られることはあまりありません。

また社内の労働事情をあまり明らかにしない傾向もあります。そこをきちんと議論しないままに「一緒に合弁会社を作りましょう」と話が進んでしまうと、実際に作ってみたら人事の評価体系がまったく違っていて、一つの会社でうまくやれないといった事態が起こってしまいます。

そのような意味でも、自分の能力がどのように見えるかと、社外の他の産業の人に見てもらうのが重要です。

社外の人に見てもらうときには、日頃どのようなことをしていて、どんなことで能力を発揮できているかを話して、評価してもらう必要があります。社外の人が評価できるだけの材料を話せないといけませんから、この時点である程度自分の能力を客観化できていないといけません。つまり、この社外の人に話すために具体的な材料を集める作業自体が、自分の能力を把握するきっかけにもなるのです。

†自己アピールする力を磨く

次に、前に述べたコミュニケーション能力を一歩進めて「自己アピール」をうまくできるようにすることが必要です。大学の私のゼミでは、入ゼミの面接をするときに学生に「自己アピールをしてください」とお願いしています。すると、ほとんどの学生は二年生ということもあるのか、キョトンとしてしまいます。

これは、今の学校教育の欠陥といってもいいのだと思うのですが、自己アピールする能力を全然トレーニングしていないのです。むしろ、一般的に日本では自己アピールしないほうが美徳とされていて、「いえいえ私なんて何もできません」と謙譲するほうが高く評価されたりします。しかし就職活動になった途端に「自己アピールしてください」「あなたはうちの会社のために何ができますか?」となるのです。

同じことが転職についてもいえます。会社で働いているときは、あまり「自己アピール」といわれないわけですが、転職になった途端にまた「自己アピールしてください」となります。これはすごく不思議なことで、「入社・転職」で要求されることと、「学内・社内」で要求されることに乖離があるわけです。

この自己アピールする力を磨いておくことは、先ほど述べた能力の「棚卸し」とかなり密接につながっています。自分をきちっと客観的に見つめてどういうことができる人間か、欠点も含め客観的にしっかり見つめることは、自己アピールの礎であり、転職を考える際にもとても大切です。

自分の長所・短所を語れて、かつその具体例をあげられる、そしてそれをきちんと話すことができれば評価してくれる人は格段に増えるはずです。ある種の技術者など、それが簡単にできる業種は、転職もしやすいと思います。技術者は「こういうものを作った」というのも残りますし、自己アピールが比較的しやすいともいえます。

日本でホワイトカラーの転職が難しいのは、「自分の能力を語れない」ということが恐らく関係しています。能力を高めていく以前に、何が欠けていて何があるかという客観的な評価をできていない部分が理由として結構大きいのです。言い換えれば、それができるだけで、特別なスキルアップをしなくても転職はかなり容易になるのではないかと思います。

†労働市場の「情報の非対称性」

今までの点を少し経済学的に整理してみましょう。学術的な言い方をすれば、労働市場というのは、市場メカニズムがうまく働きにくい市場です。これは専門用語を使っていえば、「情報の非対称性が高い」ということです。ペットボトルでお茶を買うのとは違って、中身、つまりそれぞれの人の能力がよくわからないということです。お茶を買うときは、どういうものかだいたいわかっていますし、期待通りの物が手に取れるわけです。ところが、人を雇うときは、その人の能力などについてはわからない点が多い。これは、どれだけ調べてもわかりません。

そのため、経済学の言葉でいうと、労働市場は「市場メカニズムが完全にはうまく機能せず」、人が適材適所にうまく配置されなかったり、能力開発がうまくされなかったりする性質を潜在的にもっているのです。この点は大きな問題で、労働市場はそのような困難がある市場なのです。だからこそ「情報の非対称性」を少しでも小さくする工夫や、そういう問題が起きないようにする努力が必要で、自己アピールをして自分の能力をきちんと表明するというのもその一つです。だからこそ、それができる人がうまく転職できるのだと思います。

†「内部労働市場」で対処してきた

伝統的に日本企業は、「情報の非対称性」の問題を社内の内部労働市場で人を動かすということで対処してきました。社内であれば、その人の能力や働き具合を把握しやすく、その情報を使ってうまく人を配置してきたのが日本の内部労働市場でした。これは外部の企業との間で人を動かすよりはるかにうまく人を配置できるといわれますが、それはある程度は正しかったのだと思います。

そして、一時期は、内部労働市場の優位性が日本企業の強さの源泉だといわれていました。それも一面、真理だと思います。

ただ、だんだん企業が大きくなると「同じ会社だからわかっている」ということが幻想に過ぎなくなってきます。そして、社内で人をまわしきれなくなってきます。社内の全員を適材適所に配置する分のポストがあればいいのですが、先ほど述べたようにポストはどんどん減ってきており、社外に人を動かさざるを得なくなってきています。

内部労働市場に限界が生じてきた以上、「上の人がちゃんと見てくれていて、うまく配置してくれる」という楽観的な見通しを個人個人がもっていたのではだめだということになります。先ほど述べたように「自分で把握して自分で伝えていく」ことをやらなければならない時代になっているのです。

第五章
どんな人でもスキルを磨く必要がある

†どんな人でもスキルを磨く必要がある

今までの章では主に、いかに自分の能力を把握して、それを外に向かってアピールするかを検討してきました。けれども、大きく次のステップに進もうとするならば、単に把握するだけではやはり不十分でしょう。自分の能力の「足りない部分を補う」「よりよい部分を伸ばす」「相手のニーズにあう形でカスタマイズする」というプロセスがどうしても必要になります。転職を考えるならば相手の会社のニーズに応える必要がありますし、会社を興すならば、消費者や取引相手の需要を把握する必要があり、それにあった形で自分の能力を伸ばし、カスタマイズする必要があるからです。

そこでこの章では、能力開発の必要性について、詳しく検討することにしましょう。ただし、これからどんな能力を身につけるべきかについては、現在どんな状況にいるかによって、少し異なってきます。

まず、今現在うまくいっていて、そもそも転職など必要ないと考えている人たちがいるでしょう。ただ、このような人たちでも、理由は後で述べますが、ある程度はスキルアップが必要だと思います。

　そこまではなくても、ある程度うまくいって、もしも不本意な転職や退社になったとしても、どこかに転職できそうだと考えている人たちもいるでしょう。たとえば、メーカーに長年いて特殊な技能を身につけているような人は、その技能を生かす転職は比較的容易かもしれません。そのような人は、ある程度スキルを磨けば、それなりに他でも通用するでしょう。ただし、自分の判断と客観的な判断とは往々にして一致しないので、自分はこのカテゴリーにいると思っていたのに実は違っていた、ということのないように、自分の能力をきちんと把握することが大切です。

　つぎに、そこまで何か外にいえるような経歴や自信もない、しかしとりあえず現状ではそこそこ会社で働けていて、今日明日に何かあるというわけではない。それでも、漠然とした不安があるという人たちがいます。現実には、このように考えている人たちは多いと思います。

　さらに、明らかに自分でうまくいっていないと自覚している人たち、このまま会社にいても将来はないと思っているという人たちもいるでしょう。また事実上、失業予備軍になっている人たちもいます。

今どんな状態にあっても、将来に備えて、学び直しやスキルアップが必要なのですが、今どう感じているかによって、やるべきことや心構えは違ってくるでしょう。以下ではこの点について、もう少し丁寧に説明していきましょう。

†転職が必要ないと思っている人は

今、かなりうまくいっている人たちは、なぜ、わざわざスキルを磨いたり、新たな能力開発をしたりする必要があるのかと思うかもしれません。

しかし、第二章でお話ししたような世界の変化のスピードの速さを考えると、どんなに活躍できている人たちでも、これからの一〇年、二〇年のことを考えて、やはり少し回り道をしてでも、将来に向けて、今のスキルを磨いたり新しい能力を身につけておく必要があると思います。

現在バリバリ仕事ができているということは、今が旬の能力をもっているということです。そうすると、その能力はこの先一〇年ぐらいはもつかもしれませんが、二〇年たったときに本当に通用するかというと、これはだいぶ怪しいのではないかと思います。そして、怪しくなってきたときに別の能力を身につけようとしても遅いのです。次の一〇年、二〇年をにらんで準備している人に、場合によっては負けてしまいます。ですから、一〇年後、二〇年後をにらんで、今のうちから新しい能力を身につけておくべきなのです。

ただ、将来に通用する新しい能力といっても、今とまったく違う能力を身につけるのはなかなか難しいと思います。特に今うまくいっている人ほど、まったく別の方向への転換というのは現実的にも難しいでしょう。その場合には、今の能力を生かしつつも、それを少し発展させていける分野、発展が見込める関連業務やより高度な分野等について、スキルを開拓していくのが一つの方策でしょう。そうすれば、あまり今のスキルや業務を犠牲にすることなく、発展に備えておくことが可能になります。

これは、文系の人だけでなく、技術系の人にもいえることで、一〇年後に自分の技術がまったく通用しなくなるなら別ですが、そうでないならば関連技術で伸びていきそうなものを身につける努力をしてみる、少なくともそのための準備をしていくことが大切だと思います。

三〇代、四〇代でバリバリ仕事ができていても、五〇代で息切れしてスキルがうまくついてこなくなるということも、しばしば起きるものです。五〇代で息切れしないためにも、早め早めに次のステップに向けた能力開発が、今うまくいっている人にも必要でしょう。

†ある程度うまくいっていると考えている人は

そこまで調子がよくなくても、ある程度うまくいっていると考えている人たちも、やはり将来に向けたステップアップにつながる能力開発を、自分の関連分野について行っていくことが大切でしょう。

それに加えて、ある程度うまくいっている人たちは、うまくいっているだけに、もっている技術や能力が社内のみで通用するものになりがちです。しかし、将来今の会社から動く可能性があることを考えると、今の技術や能力を、社外でいかに通用させるかを考えていくことが必要です。それには、いかに社外向けにプレゼンできるようにしておくかと、いかに社外向けに能力をカスタマイズするかの二点が大切になってきます。

まず、「プレゼンできるように」というのは、前章でも説明しましたが、単に表面上どのように話すかということだけではなくて、むしろそれを考えることによって、自分の能力を見つめ直して整理することができる点にポイントがあります。

以前私の研究室を訪ねてきた方の話で興味深いものがありました。その方が作っているウェブサイトでは、転職などをしたい人とアドバイスをする人の「マッチング」をするのですが、興味深かったのは、サイト上に自分ができる仕事やスキルをマークすることができない利用者が多いらしいということです。本人が自分にどのスキルがあるのか、うまくいえないというのです。だから、このサイトを運営している人が「あなたはこういう仕事をしてきたからこのスキルがあるはずです」といって、マークしてあげるそうです。

今までやってきた延長線上のものであれば、自分のスキルの説明は比較的容易かもしれません。しかし、たとえば出版社で働いている人が医療機器販売メーカーに転職することになったとして「何ができますか？」といわれても答えるのは難しそうです。きっとできることはあるのでしょうが、それを整理して言葉にするのは実は容易なことではありません。

しかし、これから必要になってくるのは、そのような説明能力です。今ある程度うまくいっているのであればなおさら、そのような説明ができる「プレゼン能力」を身につける努力が必要です。そして、繰り返しになりますが、それには自分の能力やスキルを、客観的に見つめる作業が必要になります。この点は前章で詳しく述べたところです。そして、その次に大事になってくるのは、社外で働くために欠けている能力を積極的に身につけることです。

ここでも、ある程度うまくいっている以上、まったく別の能力を身につける余裕はないでしょう。しかし、今もっている能力を社外でも通用するように、スキルを磨いておく必要があります。

†現状に不安を感じている人は

現実には、かなりの人たちが、現状に不安を感じているか、現状がうまくいっていないと感じています。この人たちこそ、ある程度時間をかけて「スキルを磨いてアピールしていく」ことが重要で、またその成果が期待できる人たちだと思います。

現状が、そこそこうまくいっているのであるならば、それを全部捨ててしまうのはもったいない話です。しかし、何らかの能力を開発しておく必要はあります。ですので、今のスキルを発展させつつも新しい展開を見せられるものを探して、能力を高めていくことが必要になります。

あるいは、現状がまったくうまくいっていない人は、「先が長い」ということを考えて、大胆に方向転換したりきっちり勉強し直したりすることが必要だと思います。このような人こそ、学び直しが必要です。でも、どうしても「今まで頑張ってきたから」と今の仕事をひきずってしまいがちになるので、その発想を切り替えていくことが重要だと思います。

†「スキルを磨く」とは何か？

今まで、スキルを磨く必要性を述べてきましたが、「「スキルを磨く」とは何をすることですか？」と聞かれたことがあります。「資格を取る」といったことが一般的にイメージされますが、それが本当に役に立つのでしょうか。「中高年になってもスキルを磨く必要がある」とも書きましたが、それは具体的には何をすればよいのでしょうか。

会社がうまくいかなくて、今までとまったく違うスキルを身につける必要がある場合は別として、大部分の人にとっては、今までの経験から身につけた知識やスキルは、とても大切なものです。しかし、残念ながらそれはそのままでは、社外の世界あるいは他の分野で通用するとは限りません。磨いてピカピカにしないと売れない原石といえるものです。言い換えれば、経験から学んだ知識や情報というのは、磨けば宝石として輝きだす、素晴らしい原石なのです。それをしっかりと「磨いて」、外の世界で通用するようにする必要があります。それが、この本での「スキルを磨く」という言葉の意味です。

†学問で体系づける

それでは、「磨く」ためには何をすればよいのかというと、それは「学問で体系づける」ことです。やや大げさにいえば、学問は、そのためにあるともいえるのです。

仕事をしただけだと、ほとんどの場合、そこから得られた知識は体系立っていません。例えていうと、それでは頭の中は、ばらばらで整理されていない棚のような状態です。中が整理されていないと、「どれを使えばいいのか？」となってしまって知識は武器になりません。それを、きちんとそれぞれの情報を棚に入れてうまく関連づける。そうすることで、経験からくる知識や能力が初めて武器になるのです。そして、その棚の整理に学問が役立つのです。

学問は本当に様々な分野に分かれていますから、学問による体系づけは、どの職業においても可能です。たとえば、経済学や経営学などによって、経営上の様々な経験を裏づけることができます。あるいは法学を学ぶことで、日々経験した法律問題を整理することができます。学問で体系的に学ぶことで、「自分が経験したのはこの話なのか」とわかるわけです。

たとえば、次のような例があります。

ハーバード・ビジネススクール教授のクレイトン・クリステンセンが唱える「イノベーションのジレンマ」という経営学で有名な学説があります。これは、「先行しているほうがイノベーションを躊躇する」という話です。

当然、現実のできごとから論が作られていますので、働いている人が実際に経験するようなことでもあるわけです。たとえば電機メーカーが、売れている商品があるために新製品を出すのを躊躇しているうちに、どこかの新興メーカーに新製品を出されて、それが売れて悔しい思いをする、というようなことです。そのような経験をした人がこの学説を知れば、「ああ、これは自分が経験したものだ」と思うわけです。

MBAコースというのは、実はそのような目的に使われるべきものなのです。MBAの授業で学ぶ新しいこともちろんあるのですが、かなりの部分は「自分が経験したこと」を整理して位置づけるために使われています。

つまり、経験を抽象化することで体系化するということです。経験というのは一度抽象化しておかないと、似たケースに直面した際に、同じ話なのか違う話なのかがわからなくて、同じ手を使っていいかどうかわからなくなってしまうものです。抽象化されることで、少し違う状況に対してもアイディアを応用して使えるようになるのです。

「磨けば武器になる」ものを多くの人たちはもっています。特に今まで何十年か働いてきた人は、その過程でやはり素晴らしい原石を得ています。ですから、それをきちんと学問で体系づけて武器にすることは、とても重要なことだと思います。また、ごちゃごちゃと自分の中にあるものが整理されるので、学問を学ぶ爽快感のようなものも味わえるはずです。

ところが日本では、学問をそのようには使っていません。だいたい大学で学ぶのは、仕事の経験がない、高校から直接くる学生ばかりなので、知識が先で、現場が後になってしまいます。そうすると、知識は試験直前に身につけてすぐ忘れてしまい、経験とリンクせず、体系化されません。

経験から体得してきたものは、強いものです。しかし、整理されていないためにごちゃごちゃしています。もちろん世の中には、学問を学ばなくても、経験を自然に抽象化できる人がいます。しかし、ほとんどの人がそうではありません。せっかく人生が長いので、それを体系化した上で磨いて役立てていく。そのような形で関心のあることを勉強していけば、単に整理できるだけではなくて、そこから発展的なアイディアも出てきます。体系的に学ぶことで、発想に広がりが出てくるのです。

†学問で知識が面になる

「学問で体系づける」というときの学問で、即効性が高いのは実務に近い経営学などですが、本当の意味で頭の中を体系づけようとすると、もう少し抽象的あるいは教養的な学問分野も重要になります。それは、哲学、社会学、機械工学、情報工学、法律学などさまざまな場合があると思います。

たとえば、会社の書類作成の必要上、何度か場当たり的に法律を調べたことがあったとしても、全体の法律体系の中でその法律がどんな位置づけで、どうしてそのような書類を作らなければならないのか等については、そこまで頭の中で整理されていないと思います。そうすると、それは本当の力にはなっておらず、その人は過去の経験をパターン化したものにしか対応ができません。

しかし、転職をすると、パターン化されていない問題に直面するケースが多くなります。それほど元の仕事とは違わず、本当は自分のスキルが使えるという場合でも、パターンが違うために、自分のスキルをどう生かしていいかわからないということも起きます。これは、大変もったいないと思います。

やはり、自分のスキルをどうアレンジすれば、異なった状況で使えるのかということを頭の中で整理する必要があります。自分のこのスキルは全体像の中でどのような要素に対応しているのか、その中のどの部分が他のパターンにも通用するベーシックなもので、どの部分がアレンジしなければならないものなのか、を頭の中で整理しなければなりません。この整理ができると、いろいろなバリエーションに対応してアレンジができるのですが、そのために必要なのが学問なのです。

点がポツポツとあるだけだと、この点のあるところしか適用できません。しかし、学問で裏づけをすると、この点がつながって面ができます。つまり、点以外のところの部分までカバーできるようになるのです。そのために、学問は重要なのです。

現実にパターン化は通用しない

そもそも、多くの人がとっている問題解決方法は、過去の経験をパターン化して問題を解決するというやり方です。しかし、これからはこの思考法はあまり通用しなくなっていきます。これから大切なのは、このパターン化して決める、考えるという発想から脱することです。

パターン化が比較的よく通用するのは、同じパターンが現れてくる場合です。けれども、だんだん様々なことが不確実になり、大きく変化してくると、単純なパターン認識が通用しないケースが大量に出てきます。パターンから行動を導き出す思考から抜け出ておかないと、過去のパターンから発想して間違ったことをしてしまうこともあります。ですから、パターンで発想しないで、学問で体系立てて発想する癖をつける必要があるのです。

この「パターン化して考える、決める」という発想は、受験勉強に典型的に見られるものです。たとえば、多くの予備校の先生は受験生にパターン認識を身につけさせています。よくある「このパターンの問題はこう解く」というタイプのアドバイスです。

このような解法の訓練は、試験問題がパターン化されているからこそ可能なことなのです。しかし、現実社会では、パターン化できない問題が現場レベルでつぎつぎ起きてきます。ですから、「パターン化できない問題に直面したときにどうやって対処するか」というトレーニングをしていかないといけません。

その際大切なのは、完璧な正解を求めないことです。類型化された問題に対しては、かなりの程度成功ルールを導くことが可能です。しかし、パターン化できない、まったく新しい問題に直面した場合、誰かが「これが正解」といってくれることはありません。「周りも自分も完璧な正解は見つけられない」のが当然と、マインドを切り替えないといけません。そうしないと、未知の状況に直面したときに、パニックになってしまいます。このあたりは教育環境等による影響は大きい気がします。

†自分の発想の癖を把握する

自分の発想の癖を把握して、それを補正する方向にもっていくことも大事です。たとえば平均的な日本人は熟慮型というか、何かを決めるときに周りの様子を見ながら決める、あるいは決めないという傾向があります。そういう人には、「あえてさっさと決めてみよう」「完璧だと思わない段階で決めてみよう」というアドバイスが有効でしょう。

もちろん、日本人の中には逆のアドバイスが必要な人も当然います。とにかくせっかちに物事を決めてしまう傾向のある人に対しては、「じっくり腰を落ち着けて決めよう」というアドバイスが必要になります。

大事なことは、癖を補正するという発想が、他人によるアドバイスだけではなく、自分自身に対するアドバイスとして必要になってくるということです。

自分がどんな性格か、日頃どんな発想をする癖があるかを把握しておいて、それを補正する方向、あえて自分の性向と反対方向に発想が向かうように考える癖をつける、自分自身にアドバイスをする。このような発想をする人は実は少なくて、自分の気持ちを客観的に把握して、客観的な処方箋を書く人はあまりいないようです。しかし、これからの時代にとても大事なことだと思います。

世界各国の学び直し支援体制

　ここまでは、どんな世代であっても、過去の経験を生かし将来を切り拓くためには、学問で経験を体系立てて理解する必要があるという説明をしました。能力を磨き、新たな技能を身につけるうえでは、いくつになっても「学び直し」をする積極的姿勢が必要で、そのような取り組みは、いくつかの国ですでに実践されています。

　たとえばアメリカでは、そのように学び直すことは当たり前のことだと思われています。もちろん、金銭的に余裕がなく、そうできない人はいますが、ライフサイクルとして、そのような「学び直し」が受け入れられていることが重要です。

　また最近注目されるようになったのが、北欧です。北欧諸国では解雇自由なのですが、その代り失業した人に対する手当てが非常に手厚くなっています。そして大事なことは、その手当てが学び直しの支援に当てられていることです。単にお金を出すだけではなくて、就業能力をつける教育資金に当てられるのです。

これは、変化が激しい今のような時代に対応していく一つのやり方だと思います。国の規模も政府への信頼度も違うので、北欧のしくみを日本にそのまま取り入れられるとは思いません。しかし、ドロップアウトした人や失業した人に社会保障としてお金を出すとき、学び直しにお金を出すという点は学ぶべき点が多いと思います。

むしろ第二章で説明したような環境の変化を考えると、「学び直しをせずに、六五歳あるいは七〇歳まで、ずっと働いていけると思えるのだろうか」と不思議に思えてしまいます。働いていれば、当然新しい能力は必要であり、状況が変われば、ある程度のことを時間をかけて学ばないといけません。ですから、社会と学校を行ったり来たりするのは極めて自然なことなのではないでしょうか。

今まで日本では、仕事をすることで学んでいくオンザジョブトレーニングと社内ローテーションとで、変化にあわせた能力習得が可能だと信じられてきた面があります。オンザジョブトレーニングが日本の一番優れたところだといわれた時期もあり、今でもそこに強みを見出している人も多いと思います。私も、それは否定していません。現場で実際にやってみる、現場に立つことで身につくことは多くあると思います。

しかし、オンザジョブトレーニングや社内教育だけですべてをカバーするためには、少なくとも条件が二つ必要です。一つ目の条件は、会社にある程度の余裕があることです。人材を半分遊ばせておく余裕、利益に貢献できない人材に対してもトレーニングのためにお金と時間を使う余裕がなければなりません。二つ目の条件は、教えるべき内容が、オンザジョブトレーニングで教えられるスキルや知識の内容の範囲だということです。

経済が安定的に成長している場合には、会社の中の誰かがやっていた業務を学びさえすれば十分だったかもしれません。しかし、現在はこの二つの条件はほとんどの企業で両方とも成り立たなくなっています。会社にはそれほどの余裕はありませんし、社内の誰もしたことがない業務をする能力が必要です。もはやオンザジョブトレーニングでは対応できないのです。

†今のスキルにこだわらない

今ある経験や知識を学問で整理し「磨く」のとは異なる「学び直し」が必要な場合も、もちろんあります。自分が働いている産業が衰退して先が暗いことがわかっている、など現状うまくいっていない人は、関連業務のスキルを身につけるだけでは食べていけません。このカテゴリーの人は、今までと全然違うことをやる気で「学び直し」を考えていく必要があります。四〇代の人でも、ある程度の年齢まで働くとすると、まだこの先二〇年、三〇年あるので、まだまったく遅くありません。「この先二〇年使うスキルを新しく身につける」と考えるべきなのです。

このとき、あまり今のスキルにこだわり過ぎないほうがいいでしょう。まったく違ったことでもやってみるべきなのです。

経済学の基本的な発想は「後ろを振り返らないで前を見る」ということです。これは"sunk cost"という理論につながる話で、今まで何をしてきたかではなくて、これから何をしたほうがいいかということで意思決定をしないといけないというものです。

sunkは「埋没した」という意味で、今までやってきたからという視点を判断の基準に入れてはいけないというのは経済学の基本原則です。

「これだけ時間をかけてやってきたことだから」とか「これだけお金をかけてやってきた投資だから今更やめられない」、「二〇年もこの仕事に時間をかけたのに今更やめたらもったいない」という発想が、多くの人にあると思います。しかし、これは失敗する原因となる大きな間違いで、「過去にどれだけ時間や労力をかけたか」ではなくて、「この先どれがいちばん自分にとってプラスか」「この先何をすれば自分が幸せか」ということで判断しなければならないのです。これは、意外に多くの人がはまり込む落とし穴です。

もう少し丁寧にいうと、「これだけ時間、お金をかけたものだから」と考えることに意義がある場合もあります。それは、そのかけた時間やお金の量に応じて、この先成功する確率が高まる、この先うまくいく可能性が高いと考えられる場合です。

ポイントは、そのかけた労力と将来の成功の可能性に関係があるかどうかです。労力をかけてきたにもかかわらず環境が変わってしまい、「もうだめだ」ということがわかっているのならば、「どれだけお金や時間をかけたか」という考えはスパッと切り離して踏み出さないといけません。かけた労力については、もう何をやっても変わりません。もう使ってしまったお金は、いま何をしようと返ってくるわけではなく、意思決定とは無関係なのです。

もちろん、見極めるのが難しいケースもあると思います。いずれにしても将来はわからないので、過去の努力が成功に結びつく可能性があるかどうか判断し難い場合もあるでしょう。その際大事なことは、そのときの判断を、過去ではなく、将来の成功確率やどの程度見込みがあるかという基準に沿ってするということです。単に「時間をかけたから」とか「お金をかけたから」ということで判断してはいけません。

また、その際、本当に「成功する可能性があるから」と判断したのならよいのですが、多くの人が陥りがちなのが、時間をかけたから「成功してほしい」という思いが、いつの間にか「成功するはずだ」になって、知らないうちに成功確率を高く見てしまうという過ちです。

このように判断が半分願望に近くなってしまうことはしばしば起きるので、あえて、過去にしたことは忘れて考えるという強いスタンスをとることが必要だと思うのです。その上で「これは見込みがある」と思えるならば、それは将来役に立つと思えたということなので、そのスキルを大事にするほうがよいでしょう。いずれにしても、将来を見据えて、これから身につけるべきスキルを判断していくべきです。

†ジェネラルスキルを身につける

次にどんなスキルを身につけておく必要があるかを考えていきましょう。この不確実な時代に必要な対処法は何かというと、ある程度、汎用性のあるスキル、「ジェネラルスキル」を高めておくことです。

霧がかかっているときに、ここに道があるはずだと最初から決め込んで準備しておくと、霧が晴れたときに、別のところに道があるとわかったとしても対処できません。だからといって、どこに道があるかわからないからと指をくわえて待っているだけでは、準備不足になってしまいます。

では、複数の道があって霧がかかっているという状態のときに必要なことは何かというと、どこに道が現れてもある程度役立つような準備運動や対処をしておくということです。

もちろん、一つに決めたときに比べると、はるかにできることは少なくなるでしょう。しかし、不確実性があって将来どうなるかわからないときに、どうなってもある程度通用する能力を身につけておくことは大事なのです。

陸上競技の元選手である為末大さんとの対談で出た話ですが、ロシアではスポーツ選手の育成において、まず全員に体操をやらせて、そこから陸上なりバレーボールなり体操なりそれぞれのスポーツに分かれていくのだそうです。

なぜかというと、体操をやっておくとすべての運動に対して役立つ能力が高められるからだそうです。その基本能力を高めた段階で他のスポーツをやってみる。そうすると、その人がどのスポーツに向いているかがわかるので、その段階で切り替えるということです。

この「体操」に相当するのが「ジェネラルスキル」なのです。日本の場合は、ある程度よいと評価されると「野球一本」「陸上一本」と、道を決めてしまうパターンが多いです。しかし、実は野球に決められた人は、サッカーのほうが向いていたかもしれません。あまりに早い段階で決めてしまうと、途中からの方向転換が難しくなってしまいます。

同じように、先がよくわからない時は、どんなに状況や環境が変わってもある程度役に立つ能力を身につけて準備をしておくことが大事です。これは、大学生にどんな勉強をさせるかという点でも重要な話です。特定の能力や産業に決めてしまうと、それが向かないとなると、方向転換するのに時間がかかってしまいます。ですから、先が見通せない度合いが高い場合は何にでも通用するスキルを高めておくのです。

転職や中高年のスキルを磨くときにも同じことがいえます。「この産業のこの会社にこの能力で移れる」とわかっているのであれば、それに向けたことをやればいいわけです。しかし、将来どんなふうになるかわからない状況では、どの会社にでも役に立つように、自分の技術にある程度の汎用性をつけておくことが必要になります。そうすれば、将来の変化に対応しやすくなり、転職の幅を広げることができます。ジェネラルスキルを身につけておいて、ここだと決まったときに一点に集中する。この発想が重要です。

†何のために身につけるかという意識をもつ

このジェネラルスキルは、学生だと数学など基礎的なもの、社会人だとまずは自分の会社でしか通用しないスキルを他の会社に通用する形に広げていくことを指します。これを身につけておくと、転職の自由度が広がります。

あるいは、まったく別のものを勉強しておくのも一つの方法です。たとえば法学を勉強するなど、基礎学問を勉強するのもよいでしょう。昔は多くの会社で、新人教育としてこのような基礎的なもの、汎用的に通用する、簿記の勉強や、基本的な法律の勉強などをしていましたが、意外にその類の能力は中高年になったときや、将来の転職を考えたときに重要なのです。あとは、語学も重要です。

大事なポイントは、そもそも「将来の変化に対応できるように地力をつけておくべきだ」という発想をもつことです。英語を勉強するときでも、このような意識をもって勉強するのと、ただ漠然と勉強するのでは意味合いがだいぶ違ってきます。何か起きる前に、その何かに備えて勉強するという発想への転換が重要なのです。

†マネジメントは専門能力

また、多くのホワイトカラーの人たちは、マネジメントスキルを、新たなスキルとして学ぶ必要があると思います。

この先、年齢を重ねていけば高い役職につけるという時代は、確実に終わるでしょう。今までは、二〇年たてば管理職、しばらく待てば、たとえば部長になれるという時代でした。だから、「今やめてしまうと別の会社で平社員からのスタートになってしまう」と多くの人が会社を変わることを躊躇してきました。でも、そのように年功に応じてポストが決まり、管理職になれるような状況ではもはやないのです。

多くの日本企業内には、年齢を重ねて成績をあげていけば役職につけて、マネジメントもうまくやれるはずだという発想があるようです。もちろんそのような人もいるとは思うのですが、マネジメントは別物、専門能力といえるものです。そして管理職というのは、マネジメントをやる専門職です。マネジメントを専門能力をもった人にやらせないとうまくいかない、会社がもたないというのが世界の常識になりつつあります。そして、当たり前ですが、ある仕事を二〇年うまくやれたら、そのマネジメント能力が高くなるという保証はどこにもありません。

もちろん、ある程度経験を重ねると、その仕事内容がわかるようになるので、その仕事のマネジメントもうまくできるという傾向はあるでしょう。ですから、ある程度年齢が高い人がつく傾向があるのはおかしなことではありません。でも、マネジメントとしての専門のスキルと能力は、単にその仕事を長年経験しただけでは、培われるとは限りません。だから、経験を重ねれば、自動的に管理職になれる時代ではないのです。

どの程度高度なマネジメントスキルを必要とするかは、会社によるでしょう。でも、専門性の必要度が高くなる傾向はあります。ＭＢＡが資格として重要視されているのもそのためです。だから若い人でも専門能力をもっていれば、マネジメントにつくということにはなりうるはずだし、年齢を重視するにしても、少なくとも専門的な能力がなければマネジメントはできません。

ですから、「二〇年ぐらいで学び直し」といったときに一つ重要視している内容は「マネジメントスキルの学習」です。工場や研究開発の技術者として優秀だったからといって、工場長、研究センター所長ができるとは限らないのです。組織のマネジメントというのは別の能力です。研究内容を知っていることは、確かに重要かもしれませんが、それに加えてマネジメントの専門能力が必要なのです。

†成功しているトップは子会社で修業している

成功しているトップがどういう経歴かを調べた研究がありますが（新原浩朗『日本の優秀企業研究』日本経済新聞社）、それによると、傍流の子会社などに出向して社長をやって成果を出し、返り咲いているパターンが多いそうです。これは、そこでマネジメントの勉強をしているということだと思います。ちょっとうまくいっていない子会社などで、実地訓練をやるとよいようです。

ＭＢＡも大事ですが、マネジメントはそのような座学だけで身につけられる能力ではありません。また、皆がＭＢＡに行かなければマネジメントができないというわけでもないと思います。泥臭い学び方も必要なのです。

長く勤めていることに関して、実質的に権限のない形式的な肩書きで周りが評価することはあるかもしれません。しかし、年齢を重ねれば自動的に偉くなる、という事態は今後どんどん減ってくるでしょう。

そうなると、「この会社でずっと働いてきたのだから、他に行かないほうが得なのでは」と考えることも少なくなってくるでしょう。また、会社もそんなふうに思わせない経営がこれからは必要になってくるでしょう。

第六章

複線的な働き方実践編

——バーチャルカンパニーを作ろう

この章は、今までの話を踏まえて、具体的に何をやればよいのかという実践的な提案をしたいと思います。第一章で少し説明したように、ここでは、今の会社、今の働き方だけに力を注ぐのではなく、より複線的な働き方を実現するために、サブの仕事を作っていこうという提案をします。

ここで「サブ」と呼んでいるのは、副業という立派なものまでいかないものも含みます。もっと手前の準備段階も含めて考えたいからです。そこでは会社組織とまでいかないグループ作りが、まず基本となります。本書ではそれを「バーチャルカンパニー」と呼んでいます。

いくつかのサブのバーチャルカンパニーを作って複線的な働き方を実現させ、将来のリスクとチャンスに備える。そのためには、具体的に何をしていけばよいのかを、考えていくことにしましょう。

†何をすればいいか

どういう働き方をしていけばよいかを考えていく際の、ポイントは二つ。どうやって知識や能力を身につけるかということと、どのように転職や起業の機会を作っていくかということです。三〇代、四〇代、五〇代でその手段は変わってくるのですが、いずれにしてもこの二つを意識的に行いながら、会社に頼らずに生きていけるようなスタンスを確保することが大事です。

会社をやめたり転職したりせずに現在の会社にいつづけるにしても、会社に頼らずに生きていける手段を確保していくことで、気分的には楽になるかと思います。ここでは、社会や法律や制度はあまり変わらず現状のままであることを前提に、具体的に何をしていけばいいかをお話しします。

†仲間作りをする

まず大事なのは、とにかく今のメインの仕事をやめずに、サブの仕事を少しずつ進めていくことです。そのためには、とりあえず仲間作りをすることが、具体的な第一のステップになります。仲間を作って、その仲間と起業や転職を考えるのです。

なぜなら、そんなことを一人でやろうとすると、なかなか踏み出すのが難しく、うまくいかない可能性が高いからです。その理由は、大きく分けると二つあります。

一つは、忙しくなってしまうからです。本業を何かやりながらサブの話を進めていくというのは、どうしても一人でやっているとつらくなってきます。本当に危機感があれば別ですが、危機感が顕在化していないと、ついつい「まあ明日でいいか」となってしまいます。まず、そのようなことを防ぐために、一緒に走ってくれる仲間を作ることが大切になります。

もう一つの理由は、新しい方向性にもっていくために、少しは勉強しなければならないのですが、そのときに自分に欠けているものが自分ではなかなかわからないからです。仲間を作って、お互いに自分に欠けているものを指摘しあうことが大事なのです。

自分のことというのは意外にわからないものです。特に、二〇年間サラリーマン生活をやってきたような人だと、どうしても自分を客観化して評価する機会がなかなかありません。そうすると、いざというときに「外から自分がどう見えるか」や、「アピールポイントは何か」ということは、他人のほうがよくわかります。ですから、鏡になってもらえるような人を仲間に入れる必要があるのです。

†仲のいい人に声をかける

それではどのように仲間を集めるかという話ですが、これは会社がどの程度このようなことに理解を示してくれるかによって、多少状況が違ってきます。理解がなければこっそりやらないといけないし、理解があれば堂々とやれます。

ここでは、会社の制約などは考えず、理想形のパターンについて少しお話しします。第一ステップとしては、社内で気心が知れている人を探すというのがよいでしょう。相手のことが比較的よくわかっていて、信頼が置ける人物ということです。

その際、できるだけ自分と補完的な関係にある人を探すとよいでしょう。チームで転職するとか、会社を興すとなったら、同じ技能をもっている人が集まっていたら足りないものが多くなってしまいます。できるだけ自分と違うスキルをもっている人を仲間に引き入れることが大事です。

このような基準で、まずは二、三人ぐらい人を探してみましょう。多すぎてもみんながが他の人を頼りにしてしまって全体が動かなくなるので、同じような問題意識で、しっかり考えてくれる人を探すのがポイントです。

†社外に声をかける

二番目のステップとして、社外の人に広げて探してみましょう。これには、異業種交流会やネットなどを活用してみるのも一つの方法でしょう。現在、異業種交流会はいろいろありますが、なかなか具体的な目的がなく、とりあえず顔つなぎで参加している人も多いかと思います。

ですから、効率が悪くならないように、実際社内の二、三人で「自分たちに足りないものは何か」と相談したうえで、異業種交流会に参加をする。そして、合う人を見つけたら仲間に誘ってみるというのがいいと思います。

本当にそうするかは別として、そのチームで会社を興すというぐらいの意欲をもって、「われわれに足りないのは何か」「われわれに足りない人材は何か」ということを考えて、人探しをする。そうしてバーチャルカンパニー的なものを、とりあえずでよいから作ってみる。このプロセスを、真剣にやってみることだと思います。

理想的には、「起業して生き残っていく」というように考えることですが、仮にそこまでいかなくても、会社を作るつもりでバーチャルカンパニーを作ってみることには、とても大きな意義があります。それは、自分たちの能力や市場性を客観的に評価したり考えたりするきっかけになるからです。そのためにも「われわれが会社を作るには何が足りないか」「どういう人を連れてくる必要があるか」ということを真剣に考えることが大事なのです。

もう一つ、さらに進んでできる人は、違う世代の人を引き入れてみましょう。年齢の幅は、会社を作る上で比較的大事な要素です。若い人だったら少し上の世代、年齢の高い人だったら自分より若い世代を引き入れることを考えるといいと思います。

すでに有名な話ですが、ライフネット生命保険会社についてお話ししたいと思います。この会社は、出口治明さんと岩瀬大輔さんというお二人が作った会社ですが、出口さんが一九四八年生まれ、岩瀬さんが一九七六年生まれで、ずいぶんと年の差があります。もともと保険会社で働いていたので業界の知識がある出口さんと、ハーバード・ビジネススクールを出て帰ってきた若い岩瀬さん。年齢ももっている知識も大きく違うお二人の組み合わせが相乗効果を生み、ライフネット生命は急成長していったのです。

このように互いを補いあい、相乗効果を生むような組み合わせが、やはり重要だと思います。通常、このように仲間を作ろうとする場合には、同世代で同じような環境の人を集めてしまいがちです。しかし、そこをあえて違う世代の人を引き入れてその知識を使うということを考えてみましょう。

†名刺とSNSを活用する

これはある程度会社が認めてくれればですが、名刺は複数もつといいと思います。本業の名刺のほかに、バーチャルカンパニーの名刺も作っておいて、「実はこういうこともしています」と出すといいでしょう。名刺を作るバーチャルカンパニーは、多すぎてもいけませんが、一社以上あってもかまいません。それで、その中から興味が合いそうなものがあれば、「このようなことをしているので仲間になりませんか」と名刺を出して、仲間を作っていくといいでしょう。

また、これらの仲間、特に外の人には、毎日会うということができません。ですので、今の時代では、フェイスブックなどのSNS（ソーシャル・ネットワーキング・サービス）を積極的に活用するのも大きなポイントになります。昔だったら、頻繁に連絡を取りあうことが難しい環境でも、今はSNSがかなり発展しています。極端なことをいえば、SNS上にグループを作れば、それだけで「会社」の体をなすわけです。

SNSは、趣味の世界を広げるために使うだけではもったいないと思います。新たなステップやセカンドキャリアの形成に積極的に活用していくのが得策です。名刺も積極的にもっていって人をつなぐようにする。そうして幅を広げていくことが大事です。

†サブにどのくらい労力を注ぐか

現実的なことを考えると、ここで問題になってくるのが、どのぐらいの労力をサブであるバーチャルカンパニーに注ぐかです。このバランスについては、やはりしっかり考えないといけません。多くの方が、会社の側から要求される仕事量や時間があり、それを自分で選べる立場にはいないと思います。そうすると、余った時間と労力を使うということにならざるを得ないでしょう。

また、今の会社に居場所がないという人でも、クビにならない程度に精力を注ぐことになるかと思います。

ここで多少問題となるのが三〇代で、どうすべきか決めにくいところがあるかもしれません。会社で手を抜けば、出世はなくなるかもしれないけれど、サブのほうを進められる。しかし、頑張れば会社で出世をする可能性もある。そこの選択は難しいところかと思います。

ただ、あまりそこでリスクを負う必要はありません。私は、三〇代の若い人には本業を優先することをおすすめします。その範囲内でサブのほうもまわしていって、見込みが出てきたときに、重点を少しずつ移していけばいいのです。そこの時間の配分のしかたは、安全策でちっとも構わないと思います。

†能力を開発する

次に、グループを作って何をやるかについてお話ししましょう。ポイントは、「能力開発」と「事業計画」です。

「能力開発」については、ある程度しっかりやったほうがいいと思います。今ある能力と新しい組み合わせだけで新しい会社が作れたり別のところに転職できたりするという人も中にはいると思いますが、それだけで先々働く、稼いでいくのは結構大変です。

ですから、新たな能力・スキルが必要ということを前提にして動くべきだと思います。一、二年ぐらいかけて能力開発をするつもりでプランを組み立てるのです。そのときには、現状の延長線上で必要なものを洗い出す、という作業が必要です。

まず、何が自分に欠けているかということをメンバーの人たちに指摘してもらうとよいでしょう。これは基本的には、自分が仕事をしてきた業種の中で、さらにステップアップして活躍していくにはどういう能力が欠けているかということの判断になると思います。

そして、必要と考える追加の能力、関連業務の能力を身につけていくのです。たとえば財務を担当していた人が労務関係の法律の勉強をすると、中小企業のかなりの事務周りをカバーできることになります。

一人、二人というのではなくて、ある程度の規模の中小企業を立ち上げるとなると、業務に関するスペシャリストがある程度必要になると思いますが、そのときに、いるメンバーだけだとやはり足りない部分が出てきます。そういった部分に関し、足りない能力を身につけることを考えようということです。

営業が五人集まっても、会社はできません。また、人を雇うとお金がかかってしまいます。ですので、資金に余裕がない場合は、誰かが会計などを勉強しないといけないわけです。

†自分たちに足りないものを知る

基本コンセプトは、会社をイメージしたときに何が足りないかを考えるということです。そうやって能力開発をすれば、結局会社を立ち上げなかったとしても、その人の能力の幅を広げることになります。「会計もできる営業」になれば、はるかに転職の機会も広がるでしょう。ですので、集まったメンバーで「これで会社ができるか」と考えてみることは、実はそれぞれに関連した付加価値をつけるいい機会になると思います。

これまではホワイトカラーの話をしてきましたが、技術系の人についても同様です。技術系の人が集まってくれば、それだけで会社ができそうな気もしますが、エンジニアだけが集まっても会社はできません。そうするとエンジニアの人でも、ある程度関連事務の勉強をする必要が出てくるかもしれませんし、同じ技術系でも、足りない工程があったならば、それができる人を探してくるか、自分たちでできるようにするかを考える必要も出てきます。それぞれが「会社を興す」という気で考えれば、どの程度幅を広げればいいかということが具体的にイメージされやすくなると思うので、そのためにも会社を興す気でバーチャルカンパニーを作ってみるといいでしょう。

いわゆる「脱サラ」で会社を立ち上げる人もいますが、その多くが拙速に会社を立ち上げすぎる気がします。ぎりぎりまで現在の会社にねばっていて「もうだめだ」となったら急に脱サラをするというのでは、やはり成功は難しいです。

ここでのポイントは、少し前から準備をしておいて、急に転職したり会社を作ったりしないですむようにしておくということです。スキルを身につけるとしたら、やはり一年や二年はかかってしまうのが普通です。ですから、そのぐらい前から準備しておかないと、やはりうまくスタートは切れないでしょう。

†グループの目標を作る

そうして、一、二年間グループで勉強してスキルを身につけるときには、「目標を作る」必要があるかと思います。何も目標がないとただのお勉強会になってしまうからです。グループを作るときには、仮でもいいから目標を作って、それに向かって進むことが大事です。

この目標としては、「このグループで独立して起業する」というのが一番いいと思います。そのつもりになったときに「何が足りないか」と考えながら計画を組み立てていくと、かなりの部分がはっきりしますし、実際どこにどんなふうに出ていけば生き残れるのかということも考えられます。具体的にターゲットを決めて、どういった組織形態にするかというところまで話をつめて考えるとよいでしょう。

兼業規定などがあってできない会社もあると思いますが、もし可能ならば、実際に組織や会社を作ってしまいましょう。そうするとある程度参加している仲間もイメージができてきて、具体的に動き始めることができます。今は会社を作ること自体にはほとんどお金はかかりません。活動し始めるとお金がかかりますが、活動するのは先でいいので大丈夫です。

人によるかもしれませんが、そうして具体的に何をやろうかと考えていくと、楽しくなってくると思います。この「わくわく感」が大事です。後ろ向きの勉強会ばかりしていると、「今週俺忙しくて」「俺もなんだよ」という話ばかりのただの飲み会になってしまいます。ですから、「わくわく感」があったほうがいいのです。

また、「わくわく感」のほかに「危機感」も人を動かします。ある程度危機感をもたないと、危なくなったときにはすでに遅いということもあります。ですから、今のままでよいのかという危機感をもつことも大事だと思います。

†事業計画を作る

次に「事業計画」についてお話ししたいと思います。事業計画は、今の会社をやめて独立してやっていくというときに、自分たちに何ができて、どのような活動をしていけば組織として成り立っていくかを、つきつめて考えるということです。これは、結構難しい作業だと思います。

たとえば、技術者の人だけのグループで事業計画を考えるというのは難しいでしょう。そのような場合は、事業計画を作れる人材、マネジメントができる人材をグループに引き入れることが必要になります。そうすることで、グループの価値が高まります。

もしそのような人を入れられないのならば、「事業計画のたて方」「マネジメントのやり方」というものを追加のスキルとして勉強することが必要になってきます。そうすると、繰り返しになりますが、結果的に自分たちで会社を興せなくても、勉強した人は「経営がわかるエンジニア」になっている、ということです。「ジェネラリスト」とは、本来そのような人のことで、技術もわかって経営もわかる人材のことだと思います。現在の企業のシステムでは、なかなかそういう人は生まれにくいです。

言い換えると、そのような経営マインドを身につけることができれば、能力を発揮して、新たな働き場所が出てくる技術者の人は、多数いると思われます。もちろん、今までと全然違うことを勉強するのは大変なことだとは思いますが、その価値はきっとあると思います。

†転職もチームですべき

今までは主に起業についてお話ししてきましたが、私は、転職についても一人ではなくチームで動くべきだと思っています。日本では、ほとんどの場合、転職は個人で行いますが、これは大きな欠陥といえます。

というのも、普通のサラリーマンだと、それまで個人で動くということをほとんどしたことがないわけです。多くの人が課、部など、ある程度チームで仕事をしてきていて、一人だけで目立った行動をとるということはしません。歩調をあわせて仕事をしてきているわけです。

転職については、突然個人で動くということになるから、怖くなるわけです。突然、全然違う人の中に一人だけで飛び込んでいかないといけなくなる。それで、「自分は本当にやっていけるのだろうか」となるわけです。

会社の側にもおかしなところがあります。会社は、転職者の面接で「あなたは何ができますか?」「あなたはどんな仕事をしてきましたか?」と個人の話をします。仕事の大半はチームプレーなのに、「うちの課はこんなことをしました」とアピールしてもあまり認めてもらえません。これは、すごくおかしな話だと思います。

この風潮により、仕事はチームごとにやらせるにもかかわらず、評価も個人ごとにするという傾向が強くなってきています。これは経済学が反省すべき点です。

それはどうしてかといえば、成果主義が強くいわれてきていることに関係がありま す。「成果に応じて賃金を払う」となったことまではよかったのですが、その評価をあまりにも個人に帰属させすぎたのです。仕事内容や仕事のしかたは変えられないのに「評価は個人で」ということになったので、人のことを手伝っていると評価が低くなるというようになってしまったのです。

一部の経営学者が成果主義に反対したポイントは、この「無理して個人評価をしすぎる」というところでした。基本的に組織プレーで仕事をしてきた以上、やはりその延長線上でやっていかないと、転職もうまくいかないということです。

大事なポイントは、会社の中のチームや組織は、基本的に会社が決めたものだということです。自由度の高い会社では、「誰が欲しいか」と聞いてくれるかもしれませんが、大部分の会社は勝手に決めてしまうでしょう。ここで話している「仲間作り」では、自分で探す、自分で選ぶということが大切です。そこに大きな違いがあります。自主性を発揮して、少し考えてみましょう。

†1+1=3になるグループを

集団で転職をするという際には、そのグループでどういうことができるのか、なぜそのグループなのかということを明確にしておく必要があります。

この「グループで転職する」というアイディアをある会社の人事担当の方に話したところ、そのときに出てきた反応の一つは「いい人ばかりだといいけど、使えない人がまじっていると困る」というものでした。グループを「助け合い」で作ってきたとすると、それは外から見ると護送船団方式に見えますので、「全体として生産性が上がっているのか」という話になってしまいます。

ですから、1＋1が2ではなくて、3になるようなチームを作ることが大切です。グループを作るときは、最初はたいてい気心の知れた仲間で作ることになります。しかしそうすると、活躍してくれない人、うまくいかない人が出てくるかもしれません。そのときに、その人をどうするかという問題が出てきます。若干悩ましいところですが、本来の趣旨からすると、グループとしての生産性を上げることが大事ですから、頑張ってその人の力を引き上げるか、ドライになって出ていってもらうことになります。仲良しクラブではないので、こういうことはある程度考えないといけません。

これは、たとえば音楽バンドではよくある話です。デビューに際して「あのドラムはいらない」というようなことです。なかなか難しい問題ですが、グループを作るときには「仲のいい友達だから」というのではなく、気心の知れた人を選ぶにしても、プロの組織を作り上げるつもりで選ぶことが大切です。

†会社は転職・起業をサポートすべき

世の中に人はたくさんいるので、ある個人の情報は限られたものしかまわっていません。ですから、外の会社から評価してもらうのを待っているというのではいけません。売り込みに行くことをやらないと、当然評価はしてもらえないでしょう。

社内でも同様です。今は、多くの企業がどうしても「社員は上から命令されたことを行う」という形で組織が運営されていますが、今後はもっと社員を自立させた形で組織を運営させていく必要があります。そして会社側は、転職や起業を受け入れられる度量が必要です。それをもつことが、会社が生き残る道でもあると思います。

もっといえば、会社は、このような転職・起業のためのスキルアップなど、外で活躍するための活動を積極的にサポートする必要があると思います。これは二つの意味で大事です。

一つは、終身雇用で責任をもてない以上、外に出て生きていける力を身につけさせることが雇用者の責任の取り方だということです。

もう一つは、外でも通用するようになろうと頑張ることで得た刺激や情報が、本業にもいい影響を及ぼすということです。

ですから、これからは会社も広い心をもって、そのような活動を長期的に見たときにプラスになるものと捉えていくべきなのです。

第七章
未来の働き方を自分のものにする

†小さな企業の時代

この章では、これからどんな経済がやってきて、どんな働き方が主流になってくるのかを、少し未来予測的に考えてみたいと思います。

これからは、中小企業の時代ではないかと思っています。極論ですが、大企業はいらなくなってくるのではないでしょうか。中小企業は、小回りが効き、組織運営も楽です。昔は、規模が大きくないとできないことがたくさんありましたが、どんどんそうではなくなってきています。たとえば、グーグルやフェイスブックといった企業は、規模からいうと大企業ですが、従業員数は日本の中小企業程度です。

従来、従業員数が多かった製造業でも、外部に委託するアウトソーシングを活用するところが増えていて、従業員数は減ってきています。さらに、これから普及するといわれている3Dプリンターによって、相当の部分の工程も節約できるようになるでしょう。

そもそも、知恵と3Dプリンターがあれば、少人数である程度のものを作ることが可能になるといわれています。そうなれば従来大規模な設備投資を必要とした製造業でも、少人数でのベンチャー企業立ち上げがかなり容易になるはずです。大量生産をしたいと考えた場合でも、自社で大きな設備投資をする必要はなく、大量生産を専門にしている会社に生産を委託すればすんでしまうかもしれません。

ある程度の規模の製造設備が必要な産業については、大規模の人数がいて、大きな資本を必要とする会社が残るでしょうが、それが必要なのは一部の産業における一部の企業のみでしょう。他の分野は、中小企業、あるいは中小企業の連合体でいいということになってくるでしょう。

†転職のハードルは下がってきている

二〇年ぐらい前からすると、転職の状況もだいぶ変わってきています。転職に対する見方や転職市場などは、昔に比べるとハードルが下がってきていて、仕事は見つけやすくなっています。転職を経験された方には実感があると思いますが、バラ色というわけではないけれど、恐らく多くの人が心配しているよりは、なんとかなっているのではないでしょうか。これは、実際踏み出してみないとなかなか見えない世界なのかもしれません。

予想を多少上回っていたり、下回っていたりということはあるかと思いますが、総合的に見れば、動いてみてなんとかなったという人が多いと思います。ですから、もう少し楽観的に考えてもいいのではないでしょうか。

この間、産業構造が変わって、大きな変化が二つありました。一つは海外展開の拡大で、これにより、海外においてではありますが、企業は中途採用で人を大量に雇うことになりました。もう一つ、国内ではM&Aの隆盛で、事業を売ったり買ったりということを随分やって、産業構造の変換を切り抜けてきました。M&Aがあるとかなり異質な人を雇うことになりますから、ここでも、かなりの人数を中途採用で雇ったのと似たような影響が社内に生じました。

これらの変化から、いつの間にか新卒一括採用だけをしていた頃とは随分状況が変わってきています。会社にもよるでしょうが、人事制度や社内の雰囲気も社外出身者に寛容になってきていると思います。

そもそも中堅企業まで含めて、実質的には人も会社組織もかなり流動的な状況になってきています。それにより、終身雇用の会社はどんどん減ってきていて、「制度としてはあるけれど、現実としては違う」という会社の割合も増えています。「終身雇用でずっと会社に守られている」と思えた昔の状況からすれば、これは不安な立場に思えるかもしれません。しかし、会社を移りたいという人からすると、ハードルが下がっているといえるでしょう。そして、このハードルは今後どんどん下がっていくはずです。

転職の仲介をする会社も昔に比べるとずいぶん増えてきています。転職市場は、誰かが人材の評価をしないといけないので、仲介業者がいないとなかなか大きな発展は難しい面があります。そのため、転職仲介事業の発達は、雇用の流動化を高めるうえでは重要なのです。

政府の政策も、転職支援や学び直し支援を積極的に行う方向です。このような政策が充実してくると、人材はもっと企業間を動きやすくなっていくはずです。

†起業するための環境は整ってきている

先ほどのバーチャルカンパニーを作ろうという話は、おそらく一五年前ぐらいだと絵空事に近い話でした。「そんなことで会社が作れるの？　誰が会社にお金を出してくれるの？」という感じだったかと思います。

ところがいま急速に起こっているのは、バーチャルカンパニーやベンチャー企業を作ったり、社会起業をしたりということを、とても容易にする動きです。インターネットの登場などで社会の構造が変わって、会社を立ち上げるためのハードルは非常に低くなりました。

たとえば「クラウドファンディング」は、「会社を興したいので出資してください」というような形でインターネット上で出資を募ることができるシステムです。一人ひとりの資金提供は少額でもいいとすることで、結果的に相当な金額を集めることができるようになってきています。このような資金調達の側面でも、これから一〇年ぐらい経つとさまざまな大きな変化が起きてくるでしょう。

「インターネット」「クラウドファンディング」「３Ｄプリンター」といったものが登場したことで、「ちょっと片手間に会社を興してみました」ということがある程度できるようになってきています。そのような会社がリアリティをもって立ち上がってきて、その中から伸びる会社が出てくるはずです。

これらの変化によって、昔に比べて、現在はベンチャーを起業するということに、将来性がある時代になってきています。場合によっては、本業をやめなくてもいいという場合も、かなり増えてくるでしょう。アルバイト感覚で作った会社がある程度ヒットして、大金持ちにはなれないにしても、会社がまわっていくだけの利益が出せる、ということができる時代になってきています。環境は大きく変わってきているのです。それを活用しない手はないでしょう。

†「働く」の意味が変わってきた

また現在、働くということの意味内容が大きく変わってきています。働くとは、一体何をすることなのでしょう。わかりやすい話で説明してみます。ボランティア活動と会社で働くということは、おそらく二〇年ぐらい前まではかなり峻別されていたのですが、今はその境目があいまいになってきています。社会貢献をしながら働くとか、働きながら地域の活動をするとか、そのような人がかなり出てきているのです。

最近だと「社会起業家」と呼ばれる、社会的貢献もする企業を立ち上げる起業家もずいぶん増えてきています。そこまでいかなくても、様々な働き方——会社の利益のために全精力を傾けて、それで給料をもらうという昔ながらの働き方とは違う働き方——がずいぶん出てきています。そのような働き方について、特に中高年の方は改めて考えてもいいのではないかと思います。

実は産業革命以前は、「社会貢献」と「働くこと」は未分化でした。たとえば、村でみんなで活動するということがその一つです。それがだんだん近代化の過程で、「働くこと」は「働くこと」、その他の活動はその他の活動、ボランティア活動はボランティア活動というように分かれてきたのですが、現代はこれが逆に統合化される傾向にあるということです。

そもそも、働くことには、所得を得るという面と、ある種の自己実現という面の両方があります。大部分の人は、前者が目的で自己実現などを考える余裕や自由をあまり与えられてきませんでした。

しかし、働くことを通して、自己実現や社会貢献など、金銭以上のさまざまな「報酬」を得る、そんな働き方が、寿命が延び技術が進歩した今だからこそ求められていますす。そして、特に中高年だからこそそれができるという面も多分にあると思います。ですから、今からでも少しずつその方向で「働き方」を考えておくことが重要ではないかと思います。

†満足感、充実感のある「働き方」を

生き延びていくためにお金を稼ぐことはもちろん重要ですが、五〇歳、六〇歳になったときに「お金だけのためにあくせく働きたくはない」と思っている人は多いと思います。生活すべてをボランティア活動のために捧げられるほどの余裕がないとしても、単にお金を稼ぐためだけではない働き方というのを目指してみてはどうでしょうか。「ボランティア」といいましたが、これは必ずしも、社会貢献的なものでなくて

もいいと思います。

つまり「本人のやりがい、生きがい、働きがいを発揮できる」ということで、満足感や充実感を得ることを重視した働き方を作っていく工夫がもっとあってもいいのではないでしょうか。

繰り返しになりますが、そのようなことは、昔は難しかったのですが、今はできるようになってきていますし、中高年が働き方を考えるうえで大事なことではないかと思います。これから会社を興す、新しいビジネスを始めるというのであるならば、単に「お金儲け」「生きていくため」ではないことをしたい。そう考えているのであれば、それを実現させる方向で積極的に考えていってほしいと思います。

今までのスキルを使って社会貢献や地域貢献するなど、社会性をもった活動に目を向ける人も増えており、「働く」「会社を興す」という概念については少し幅を広げて考えたほうがよい時代になってきています。

先にも述べた、「社会起業家」と呼ばれている人たちは、まったくのボランティアではないのですが、株式会社であっても、ある程度NPOに近い形で社会性のあるアクティビティをしています。そのような会社を興すという動きはだんだん大きくなってきていて、特に東日本大震災以降は、多くの人が関心をもつようになってきました。

†新しい社会貢献のしくみ

このように書くと、それはある程度年齢が上で、お金に余裕がある人だからこそできるのだろうと思われがちです。しかしこれからは、そのような社会貢献的な活動から、ある程度お金を得る方法もいろいろと出てくると思います。

ですから、「社会貢献＝低所得」という単純な図式は当てはまらなくなってきていて、社会貢献をしながら十分な所得を得るということ、場合によっては寄付などを含めた、資金調達もかなり容易になってくることが考えられるので、必ずしも「社会貢献＝お金をもらわないこと」ではないと思います。

資金調達のしかたも新しいものが出てきています。たとえば先ほど「クラウドファンディング」の話が出ましたが、これはそもそもインターネットを通じて寄付を受け付けるしくみが発展したものです。

「ジャストギビング」というNPOは、iPS細胞の研究者である京都大学の山中伸弥教授がマラソンで走って寄付を募ったことで有名になりましたが、インターネット上で活動に対して寄付を募るというものです。一人ひとりはすごく少額でも、かなりの人数から寄付が集まるので相当なお金を集めることができるというものです。最初はイギリスで始まったNPOで、有名になった話は、「ハイチ地震の被災者を救うために七歳の男の子が、自転車でロンドン市内を走って寄付を募った」というもので、この男の子の熱意にほだされて、二〇万ポンド（約三〇〇〇万円）もの寄付が集まったそうです。

そもそも、「寄付してください」というのと「頑張って会社をやるのでお金を出してください」というのは、よく考えてみるとその境目はあいまいです。

たとえば、東日本大震災の被災地で、ラーメン屋さんが再建のためにお金を集めたいという話がありました。この場合、軌道に乗ってきたらラーメンを無料で何杯か食べられるようにしますという約束をしたそうです。他にも、果樹園で軌道に乗ったら桃をお送りしますという話もありました。このような例は、「寄付に対するお礼」とも考えられますが、「寄付プラス配当」という考え方もできます。極端な話ですが、大部分は寄付だけど、ある程度出資とも考えられるのです。

もちろん、これを厳密に「配当」と考えると、金融制度上のルールのしばりが出てきてしまうので、そういう法制度整備をこれから考えていかないといけませんが、ある意味で出資と寄付の中間のような資金調達の形が、現実にどんどん出てきているのです。

このようにインターネットを通じて資金を集めることが、かなり楽になりつつあります。また、そのようなしくみを利用して会社を立ち上げると、半分寄付目的の資金を集めることも可能になるので、半分社会貢献を目的としながら、半分は営利事業という会社もかなり運営しやすくなります。

このように、インターネットを使うことで新しい資金調達の動きが出てきて、新しいタイプの会社ができるようになってきているという変化については、これからもっと活用を考えていくべきでしょう。中高年だからこそ、こういうことをもう少し頭を柔軟にして考えてみるのも重要ではないかと思います。

†「自己実現・社会貢献」と「収入を得る」のプランニング

大事なのは、その際のプランニングをきっちり考えることです。「社会貢献を考えるのならば、お金儲けのスキームを考えてはいけない。そういう発想をすることが不健全だ」という先入観を取り払って考えるべきなのです。社会貢献なり自己実現なりを大事にするのであればこそ、必要な資金や収入は得ていかないといけません。ですから、そのためのプランニングをきっちりする必要があります。そうすると目的が複数できるので、「自己実現・社会貢献」と「収入を得る」という目的を、どのようなバランスでやろうと思っているかを自分の中でしっかり考える必要があります。

「収入を得る」という話は、お金のことがあるので自然と明確になりやすいです。しかし「自己実現・社会貢献」という話は、概念があいまいなこともあり、目的もあいまいになりがちです。言葉だけだと客観性に欠ける抽象的なものになりがちなので、何を実現させたいのかをできるだけ具体的にしたほうがよいでしょう。あやふやなうちに進めてしまうと、考えていたことが実現できなくなったり、逆にそちらにばかりのめり込んでしまい、収入が得られなくなったりしがちです。ですので、何をどの程度実現したいのかを、少しドライにプランニングする必要があります。

†社会貢献と収益を得ることは相反しない

本来のビジネスは「社会に貢献する」ことと「収益を得る」ことが相反するものではなくて、両方がうまくまわっていくものだと思います。そういうビジネスモデルをうまく作るのが大事です。

ミネラルウォーターブランドのボルヴィックが行っていたものですが、「水が一リットル売れたら、アフリカで一〇リットルきれいな水が生まれます」というキャンペーンがありました。ボルヴィックはその過程で儲けるのですが、水が貧しいところに援助がいくのであれば、それはウィン－ウィンの関係になるので、何もないよりははるかにましといえます。これを「寄付ビジネスで儲けている」という言い方をする人がいますが、そういう発想ではうまくまわらないでしょう。ビジネスでも収益を得てかつ社会に貢献できるというのは、うまいスキームだと思います。

実際問題、アフリカの水が貧しいところに私たちが寄付したいと思っても、なかなか手段を思いつかない面があります。しかし、水を買えばいいというのであれば、簡単にできます。ボルヴィックは寄付を集める窓口にもなってくれているということです。

このような発想をもって様々なことを考えるというのも、少し強い言い方かもしれませんが、中高年の責任だと思います。働き方についても同様に考えて、収益を得ながらも、何らかの社会貢献ができるような働き方にはどんなものがあるのかを、もっと考えて工夫する余地はあるのではないでしょうか。

†海外で社会貢献する

今アフリカの話を少ししましたが、本当はもう少し中高年が海外に出て行ったほうがいろいろな面でチャンスが広がると思います。海外に出て行って貢献するということも、もう少し考えてもいいのではないでしょうか。まだまだ技術力や生活水準において、日本と差がある国はたくさんあります。そういうところでこそ、その人のスキルや能力を生かせる場面がたくさんあると思います。海外で社会貢献なり自己実現をはかるということは、多くの人にチャンスがある話だと思うのです。

また、そのような国では生活にかかるお金が安いので、いい生活ができるという面もあります。「働く」という意味からしても、大きな貢献をできる国はたくさんあるので、そういう国を掘り起こしていくことも考えていいのではないかと思います。

また政策的にも、もう少しそのような人を支援する政策が増えてもいいのではないかと思います。今の日本では、それぞれの方が徒手空拳で頑張っているような状態だと思いますから。

†高齢者の在宅勤務には可能性がある

それから働き方の話でいくと、高齢者になっても、週三日や午後だけの在宅勤務なら働けるという人は、世の中にはかなりいると思います。フルタイムでラッシュアワーに電車に乗って働きに行くのは難しいけれど、家でならやれる、あるいは家でもフルタイムでは無理だけれど、半日ぐらい働いて、それなりのことはこなせるという人はかなりいると思います。そのような人材を活用しない手はないと思うので、そこも発想を広げていく必要があるでしょう。

私が今ビジネスをやるならば、そのようなやる気のある高齢者を活用することを考えます。今はインターネットが普及している時代なので、パソコンを覚えてもらって、ネットができる環境にしてもらえば、仕事の依頼はいくらでもできます。そのような人たちをうまく束ねることができれば戦力になりますし、それがこれからのビジネスのあり方ではないかと思います。

†未来は明るい

私は、未来は明るいと思っていますが、そう思う理由は二つあります。

一つは、人生、二度三度いろんなことができる時代になってきているということです。短い寿命の中でやりたいことを一つしかできない、もしくは一つもできないで人生が終わってしまうという昔の状況からすると、今は明るく楽しい時代といえると思います。寿命が延びて、昔に比べると、今は二回、三回分の人生を生きられるということです。

また、今まで説明してきたように、個人が自分の意欲をそのまま生かす形で働いたり会社を作ったりということが、かなり容易にできるようになってきています。「お金を稼ぐために自分がやりたいことを我慢する」という時代ではなく、やりたいことが比較的自由にできる時代になってきているのです。そして、これはこれからもっと広がってくるだろうと思います。

人生でやりたいことを二度三度できるというのは、かなり素晴らしい時代ではないでしょうか。その開かれつつある可能性を自分のものにするかしないかは、皆さんの「踏み出す」ということにかかっています。踏み出してみると、きっといろいろな可能性が広がっていることに気づくでしょう。ぜひその一歩を踏み出してほしいと思います。

そして、二つ目は、この「やりたいこと」についてです。昔は、生きていくためにお金を稼ぐということが、最大の目標にならざるを得ませんでした。しかし、これからは、単にお金を稼ぐだけではなくて、自分が社会で実現させたいこともいろいろできるはずです。

先ほど述べたように、大上段に「ボランティア」といわないでも、ある程度お金を稼ぎながら、今までとは違った形で社会に貢献したり、社会を変えたりする活動ができるようになってきています。そして、それをサポートするしくみもできてきています。金銭的価値以外のものを実現できる仕掛けというのもずいぶん整ってきているので、広い意味で「自分のやりたいこと」ができる時代になってきているのです。「お金を稼ぐ手段として何がいいか」以外のことをみんなが考えることができる時代になってきています。読んでいる個々の方々がそれを表に出していくことによって、世の中を変え、明るくすることができると思います。私はそれを楽しみにしています。

おわりに

本書では、これからは複線型の働き方をしていく時代であることを強調してきました。そして、それを実現していくためには、どのように発想を切り替え、具体的にどんなステップで活動をしていけばよいかを説明してきました。

働くことというのは、生活のとても重要な部分であり、また生活の糧を得るためのものでもあります。そのため、どうしても、大きな変化を起こすには勇気がいりますし、実際簡単には変えにくいのも事実でしょう。でも、本書で強調してきたように、何も変えなければ、世界経済の変化によって、むしろ働く環境のほうが大きく変わってしまい、かえってリスクは大きくなります。

これからは、変わっていくことで、安心とチャンスが得られる時代なのだと思います。本書で繰り返し強調してきたように、少しずつ、あまり大きくリスクを発生させない程度でよいから、変わっていくこと、それが大事なのだと思います。

また、特に日本社会では、職場というのは、自分が所属するほぼ唯一のコミュニティであり、アイデンティティの帰属先でもあります。そのため、どうしてもそこから離れたくないという意識が働きがちです。でも、定年後の人生も含めて考えると、これからは、職場だけではなく、自分の住む地域などもっと多様なコミュニティに所属し貢献する働き方が必要になってくるのだと思います。そして結局はそれが、お金だけではない充実した働き方にもつながっていくのではないでしょうか。そのためにも、やはり複線型の働き方が必要になってくるように思います。

本書を書きあげるにあたっては筑摩書房の河内卓氏、山野浩一氏に大変、お世話になりました。この本を新書で出すことの意義を強く訴えてくださり、また、ひどく粗い草稿に対して丁寧に細かいところまでコメントをくださり改良を加えてくださいました。両氏のご尽力がなければ、本書はとても日の目をみることはなかったと思います。ここに記して改めて御礼申し上げたいと思います。

もしも本書が、皆さんの心の中に多少なりとも届き、皆さんの発想や生活に少しでもプラスになることがあるとしたら、筆者としてはこんなに嬉しいことはありません。

二〇一三年一〇月

柳川範之

ちくま新書
1046

40歳《さい》からの会社《かいしゃ》に頼《たよ》らない働《はたら》き方《かた》

二〇一三年一二月一〇日　第一刷発行

著者　柳川範之（やながわ・のりゆき）
発行者　熊沢敏之
発行所　株式会社　筑摩書房
東京都台東区蔵前二-五-三　郵便番号一一一-八七五五
振替〇〇一六〇-八-四一二三
装幀者　間村俊一
印刷・製本　株式会社　精興社

乱丁・落丁本の場合は、左記宛にご送付下さい。
送料小社負担でお取り替えいたします。
ご注文・お問い合わせも左記へお願いいたします。
〒三三一-八五〇七　さいたま市北区櫛引町二-六〇四
筑摩書房サービスセンター　電話〇四八-六五一-〇〇五三

ISBN978-4-480-06748-7 C0236